Bernard Mandeville

Bernard Mandeville

EINE

Bescheidene Streitschrift
FÜR
Öffentliche FREUDENHÄUSER
ODER EIN
VERSUCH
ÜBER DIE
HUREREI

wie sie jetzt im Vereinigten Königreich praktiziert wird

Aus dem Englischen übersetzt, annotiert und mit einem Essay versehen von

Ursula Pia Jauch

Büchergilde Gutenberg

www.buechergilde.de

Lizenzausgabe für die Büchergilde Gutenberg,
Frankfurt am Main, Wien, Zürich,
mit freundlicher Genehmigung
des Carl Hanser Verlags, München, Wien

Satz: Satz für Satz. Barbara Reischmann, Leutkirch
Druck und Bindung: Friedrich Pustet, Regensburg
Printed in Germany
ISBN 3 7632 5199 5

Inhalt

Vorwort der Übersetzerin

Mandeville hat seine *Modest Defence of Publick Stews* anonym publiziert und sie »clandestinely« (wie er im Vorwort sagt) auf die Türschwelle des Lesers gelegt. Damit steht ein Schlüsselwort im Raum, das die *Modest Defence* geradezu augenfällig in die Tradition der im Untergrund wirkenden – eben: »klandestinen« Literatur – einbindet. Zu den Eigenheiten dieser Schriften gehört, daß sie die Leserschaft mit einem vieldeutigen, schillernden, oftmals auch anzüglichen Vokabular konfrontieren. In dieser Hinsicht ist Mandevilles *Modest Defence* ein Paradebeispiel: Sie geizt nicht mit sprachlichen Ironien und Doppeldeutigkeiten, und wer Anzügliches finden will, wird in diesem *Essay upon Whoring* – so nur schon der Untertitel – auf seine Rechnung kommen. Doch gerade in der Anzüglichkeit (die der Leser erst decodieren muß, bevor er sie »moralisch« werten kann) liegt die List des klandestinen Vokabulars: daß es an den ersten Gedanken zugleich einen Hintergedanken knüpft, der dem Leser eine Brücke zu einer anderen, verschobenen Sinnperspektive eröffnet. Gerade in der *Modest Defence* zeigt sich Mandeville auf der Höhe seiner Fähigkeit, mit Doppeldeutigkeiten zu spielen. Daß er sich wohl fühlt in seiner Rolle eines *go between* zwischen Philosophie, Literatur und Medizin, merkt man seiner Sprache an: Sie reflektiert zwar durchaus das Zeitalter, aber sie überschreitet es auch – Scherze, persönliche und lexikalische Freiheiten finden sich neben (besseren und schlechteren) Neologismen, ganz abgesehen von den Wortspielen, die Mandeville besonders liebt.

Kurzum: Ein Übersetzer, der bei solch einem Text versuchen wollte, noch witziger zu sein als der Autor selbst, hätte seine Aufgabe verfehlt. Ich habe mich daher bemüht, so nah wie möglich – aber so deutlich wie nötig – am Text selbst zu bleiben. Der ausführliche Anmerkungsapparat, mein Essay sowie die Zeittafel sollten helfen, einzelne Fragezeichen zu entschärfen. An dieser Stelle möchte ich einzig auf den Titel eingehen: Daß Mandeville von *Publick Stews* spricht und damit *Öffentliche Freudenhäuser* meint, mag dem deutschen (wie vielleicht auch dem heutigen englischen) Leser auf den ersten Blick nicht ganz einsichtig sein. Doch auch hier findet sich ein schönes Beispiel für die Verbindung von Etymologie und Hintersinn. Vordergründig bezeichnet das *stew* einen vor sich hin schmorenden Eintopf, die hintergründige – obszöne – Wortbedeutung aber meint das Bordell, das *brothel*, das freilich auch ein »heißer« Ort ist, denn auch da kommen die Säfte zum Brodeln. Wenn also Mandevilles Haupttitel vordergründig für *Öffentliche Eintöpfe* zu plädieren scheint, weiß der vife Leser sofort, worum es geht; dem etwas langsameren wird der Untertitel auf die Sprünge helfen.

Auch das Wort *whoring* verdient eine Anmerkung. Mandeville meint damit – zunächst – das ungeordnete und unkontrollierte Herumhuren (der Männer wie der Frauen), so, »wie es jetzt«, 1724, vor seiner intendierten Reform, eben »praktiziert wird«. Wichtig freilich ist, daß es hier keineswegs um eine »moralische« Wertung des Hurens geht, sondern – die Passung zum Bienenfabel-Untertitel *Private Vice – Publick Benefits* ist augenfällig – um eine argumentative Gegenüberstellung von *Private Whoring* und *Publick Whoring*. Das eine ist ein soziales Übel, das andere ein erträglicher Zustand. *Gehurt* aber, so Mandeville, wird ohnehin immer. Ich bin bei der Übersetzung dieser terminologischen Besonderheit Mandevilles gefolgt und habe bewußt auf »freiere« Varianten verzichtet. Die Leser mögen mir diese kleine Pedanterie verzeihen, die freilich, so scheint mir, für das Verständnis der Weiterentwicklung von Mandevilles *Private vs. Publick*-Argumentation erhellend ist.

*

Ich darf dieses Vorwort beschließen mit einem Satz von La Bruyère – »Je proteste contre toute plainte, toute maligne interprétation, toute fausse application et toute censure, contre les froids plaisants et les lecteurs mal-intentionnés.« Zu deutsch: *Gott befohlen, kleines Buch!*

U. P. J.

A
Modest Defence
OF
Publick STEWS:
OR, AN
ESSAY
UPON
WHORING.

As it is now practis'd in these Kingdoms.

Nimirum propter Continentiam Incontintentia necessaria est, incendium ut ignibus extinguitur.
Seneca.

Omne adeo genus in terris, hominumq; ferarumq;
Et genus æquoreum, pecudes, pictæq; volucres,
In furias, ignemq; ruunt. Virg. Georg. 3.

Written by a LAYMAM. (Bernard Mandeville)

LONDON:

Printed by A. MOORE near St. PAUL's.
MDCCXXIV.

AN DIE

EHRBAREN HERREN

DER

GESELLSCHAFTEN

FÜR DIE

SITTENREFORM[1]

Gentlemen,

DIE große Mühe und der Fleiß, die Sie für den Schutz von Anstand und Tugend aufgewendet haben, geben Ihnen selbstredend das Recht, Adressat dieser kleinen Abhandlung zu sein. Und doch erfüllt es mich mit äußerster Sorge, daß ich mich zu ihrer Niederschrift gezwungen sehe und daß nach so vielem Reformeifer zu diesem Thema doch noch immer etwas zu sagen bleibt – einmal abgesehen davon, daß Ihnen zu Ihren schönen Erfolgen zu gratulieren ist. Es betrübt mich nicht wenig zu beobachten, daß Ihre Anstrengungen, die Unzucht zu unterdrücken, nur dazu geführt haben, ihr Vorschub zu leisten, und daß dieser *Zweig*[2] der Unmoral unter Ihren Händen zum Blühen gekommen ist, als ob er *zurechtgestutzt* worden wäre, anstatt *abgezwackt*. Aber so sehr mich Ihr Mißerfolg auch schmerzt, so kann er mich doch nicht erstaunen: Was hätten wir denn auch anderes von Ihren eifrigen Verfolgungen armer Herumtreiberinnen erwarten können? Von Ihren Trockenlegungsversuchen jener *Röhren* und *Schleusen*, durch die sich die Unzucht wälzt? Von Ihrer Zerstörungsarbeit an den *Horn-Werken* und *Brust-Wehren*[3] der Keuschheit? Diesen *Wällen* und *Dämmen*, hinter denen die Tugend unserer Frauen und Töchter so komfortabel *verschanzt* ist? Ein Bollwerk, das um so sicherer ist, je schwieriger es war, die Schutzwälle aufzuschütten? Und was können wir denn von Ihrem Abtransport der Kupplerinnen Besseres erwarten, als daß der Große Leviathan der Unzucht, in Ermangelung seiner früheren Spielzeuge, mit einem kräftigen Schlag seines Schwanzes das überfrachtete Tugend-*Schiff* zum Kentern bringt? Ein Schiff, von dem wir wissen, daß es unter vollen Segeln leicht einmal *leck* wird und schnell aus dem *Ruder* läuft.

Einer der alten Philosophen vergleicht die Unzucht mit einem wilden, stolzen und starrköpfigen jungen Hengst, der erst gebrochen werden kann, wenn er in einen Sumpf hineingeritten wird. Und *Plato* verliert zum nämlichen Gegenstand folgende Worte: »Die Götter«, sagt er, »haben uns ein unfolgsames und tyrannisches Glied gegeben, das wütend und toll wird wie ein gieriges und gefräßiges Tier auf Futtersuche; bis es seinen Appetit gelöscht hat, hat es die Tiefen des Schoßes vielfach bespritzt und benetzt.«[4]

Und da ich nun schon die Philosophen bemüht habe, muß ich Sie noch einen Moment um Geduld bitten, damit Sie sich einen kurzen Bericht über deren Liebschaften anhören. Denn nichts wird uns schneller von der unwiderstehlichen Kraft der Liebe und von der törichten Hoffnung, sie unterdrücken zu können, überzeugen, als daß auch diese verehrungswürdigen *Weisen*, diese Helden der Moral, diese großen *Reformer* der Welt, von dieser zarten Leidenschaft so empfindlich getroffen waren.

Sokrates hat einmal gestanden, daß er in seinen späten Jahren während ganzer fünf Tage einen merkwürdigen Kitzel empfand, und zwar nur, weil ein Mädchen ihn an der Schulter berührt hatte.[5]

Xenophon hat sein brennendes Verlangen für *Clineas* ungeschminkt gestanden.

Aristipp von *Cyrene* schrieb ein anzügliches Buch über antike Liebeswonnen, wo er die Frau mit einem Haus oder einem Schiff vergleicht, das durch den Gebrauch immer besser wurde. Er versicherte, daß in der Liebeslust selbst kein Verbrechen liegt, außer, wenn man sich zu ihrem Sklaven macht. Oft hörte man ihn auch sagen: »Ich vergnüge mich mit *Laïs*, aber *Laïs* vergnügt sich nicht mit mir.«

Theodoros proklamierte in aller Öffentlichkeit, daß ein weiser Mann, ohne sich zu schämen oder Anstoß zu erregen, die Gesellschaft von gewöhnlichen Huren suchen dürfe.

Platon, unser großes Vorbild für die keusche Liebe, schlägt als größte Belohnung für öffentliche Verdienste vor, daß dem Vollbringer einer außerordentlichen Heldentat kein amouröser Dienst verweigert werden dürfe. Er verfaßte eine Beschreibung der Liebeskunst seiner Zeit, und ebenso schrieb er diverse amouröse Sonette zu Ehren seiner eigenen Jünger: Seine größten Favoriten waren *Asterus*, *Dio*, *Phaedrus* und *Agathon*; und aus Gründen der Abwechslung hielt er sich auch einen Liebling weiblichen Geschlechts namens *Archeanassa*. Überhaupt war er so berüchtigt für seine Geilheit, daß ihm *Antisthenes* den Übernamen *Satho* gab, was etwa soviel bedeutet wie *gut bestückt*.

Polemon wurde von seiner Frau wegen Liebschaften mit Männern vor Gericht gezerrt.

Crantor machte aus seiner Liebe für seinen Schüler *Arcesilaus* kein Geheimnis.

Arcesilaus wiederum schlief mit *Demetrius* und *Leocharus*; von diesem letzten sagte er unumwunden, er hätte ihn sogar entjungfert. Im übrigen verkehrte er offen mit den beiden *eleatischen* Kurtisanen *Theodota* und *Philaeta*, und er selbst ließ sich erfreuen von *Demochares* und

Pythocles: Den letzten duldete er, wie er selbst es sagte, nur aus lauter Nachsicht.

Bion war dafür bekannt, seine eigenen Schüler zu verführen.

Aristoteles, der erste *Peripatetiker*, hatte von seiner Konkubine *Herpilis* einen Sohn namens *Nichomachus*. Er liebte sie so sehr, daß er ihr in seinem Testament ein Talent Silber vermachte und von seinen Landhäusern eines nach ihrer Wahl, damit das Mädchen, wie er sagte, auch keinen Grund zur Klage hätte. Im übrigen vergnügte er sich, außer mit dem Eunuchen *Hermias*, wie berichtet wird, nur noch mit seiner Mätresse *Pythais*, der er eine Hymne mit dem Titel *Innen drin* widmete.

Demetrius Phalereus, der in Athen 360 Statuen hatte, hielt sich *Lamia* als Konkubine, und in der nämlichen Zeit ließ er sich auch von *Cleo* erfreuen. Er verfaßte eine Abhandlung mit dem Titel *Der Liebhaber*, und sein Spitzname bei den Kurtisanen war *Charito Blespharus* – was soviel heißt wie *Frauenbetörer* – oder auch *Lampetes*, also etwa *Großer Ruten-Prahlhans*.

Diogenes der *Cyniker* pflegte zu sagen, daß die Frauen allen gehören sollten und daß die Ehe nichts weiter sei, als daß ein Mann sich eine Frau zum Beschlafen verschaffe. Im übrigen hat er oft mitten auf dem Marktplatz der handbetriebenen Lust gefrönt, und zwar mit dem Kommentar: *Oh, wenn ich nur meinen Hunger auch so leicht mit dem Frottieren meines Magens stillen könnte!*

Und wie wollte man sich noch wundern, daß – wo die alten Akademiker, die *Cyrenaiker* und die *Peripatetiker* schon so liederlich und unzüchtig waren – selbst die Stoiker, die so stolz darauf waren, sämtliche Leidenschaften besiegt zu haben, sich gezwungen sahen, kleinlaut beizugeben?

Tatsächlich fiel *Zenon*, der Gründer jener Sekte, durch seine Keuschheit insofern auf, als er nur selten Gebrauch von Knaben machte und nur ein einziges Mal eine ganz gewöhnliche Dienstmagd ins Bett nahm, natürlich nur, damit man nicht auf den Gedanken kam, er würde die Frauen generell verabscheuen. Doch in seiner *Republik* war er für den Allgemeinbesitz an den Frauen. Des weiteren verfaßte er eine Abhandlung, worin er die Bewegungsgesetze demonstrierte, mit denen die Jungfernschaft aufzuheben sei, und man darf getrost sagen, daß er dabei die Gleichheit von Aktion und Reaktion mit großem philosophischem Scharfsinn bewies.[6]

Chrysipp und *Apollodor* stimmen mit Zenon überein, was den Allgemeinbesitz der Frauen betrifft, und zudem vertreten sie die Ansicht, daß es einem Weisen zustehe, in schöne Jünglinge verliebt zu sein.

Erillus, ein Schüler von *Zenon*, war ein notorischer Wüstling.

An die *Epikureer*, berüchtigt für ihre Obszönitäten, muß ich hier gar nicht speziell erinnern.

Epikur hat seinen eigenen Bruder zu seinem Zuhälter und Lust-Minister gemacht, und sein Schüler, der große *Metrodor*, frequentierte alle bekannten Kurtisanen von ganz Athen; in aller Öffentlichkeit hielt er sich den berühmten *Leontius*, vormals *Favorit* seines Meisters. Und doch: Will man *Laertius*[7] glauben, so war er ein guter Mann in allen Hinsichten[8].

Und was denn sollen wir über unseren Liebling *Seneca* sagen, der trotz seiner düsteren Moral nie in den Ruf der Keuschheit kam? In seinen Liebeshändeln war er ausgesprochen wählerisch, und so verachtete er – wie etwa der berühmte *Florus*, der sich niemals von jemand geringerem als einem Diktator oder einem Konsul bespringen ließ – auch jedes Verhältnis, sofern es nicht die Kaiserin selbst war.

Wenn also diese ehrwürdigen Schulmeister der Antike sich in ihren *Pflanzschulen*[9] so freizügig befruchtend zeigten, wollen wir nun in unserer Zeit auf Keuschheit setzen? Haben denn unsere *Oxforder Studenten* bessere Kontrolle über ihre Lüste als die *Stoiker*? Sind unsere jungen *Rechtsstudenten* weniger brünstig als *Plato*? Oder ist vielleicht ein Offizier im Militär weniger kitzlig an der Schulter als *Sokrates*?

Aber ich muß gar nicht so viel Rhetorik für eine so offensichtliche Wahrheit verschwenden; schließlich werden klare und einfache Aussagen – wie bemalte Scheiben – um so dunkler, je mehr man sie verziert.

Ich darf nun annehmen, daß Sie die Männer für unverbesserlich halten und sie demnach aufgegeben haben; nachdem Sie ja auch aus Erfahrung gelernt haben, daß nicht einmal die Ehe sie zivilisieren kann. Heiraten ist nämlich eine ebenso gute Kur gegen die Unzucht wie ein übervoller Tisch gegen die Freßlust; dem verschleckten Mann wird ein spezielles Gericht verleidet, doch sein Gaumen bleibt so lüstern wie ehedem. Aus diesem Grund finden wir so viele verheiratete Männer, die – wie *Samsons* Füchse[10] – nur noch mehr Schaden anrichten, nachdem man ihnen die Schwänze eingebunden hat. Aber die Frauen, werden Sie einwenden, sind doch die schwächeren Boote, und also haben Sie beschlossen, wenigstens diese dicht zu machen: wie klug. Und also käme es, gelänge es Ihnen, alle Frauen keusch zu machen, zu einer beträchtlichen Flaute in Sachen Hurerei. Ach wirklich, es wäre ein Jammer, sollte ein so schönes Vorhaben mißglücken! Und ich bin auch gern der Erste, der darauf hofft, daß sich eine in *Bridewell*[11] bekehren ließe.

Doch in der Zwischenzeit hielte ich es nicht für verfehlt, wenn Sie Ihre gegenwärtige Bekehrungs-Methode ein bißchen ändern würden, besonders was das Auspeitschen betrifft. Glauben Sie wirklich, es sei sehr gut möglich, daß ein armes Mädchen auf dem Pfad der Tugend bleibt, auch wenn man ihm keinen roten Heller gibt, da ja wohl nicht der Geldmangel der einzige Grund sein könnte, der es davon abbrächte? Meinen Sie wirklich, daß es ihre Tugend fördert, wenn man eine junge Frau drangsaliert und bis auf die Haut auszieht, da der Mensch ja, wie man weiß, nackt am ehesten im Stand der Unschuld ist? Wirklich klug geschlossen, *Gentlemen!*

Sie alle sollten wissen, daß Prügel immer den gegenteiligen Effekt haben. Ihr Vorhaben, alle Bordelle abzureißen, damit sich kein Schmutz mehr ansammeln kann, erinnert mich an jenen hochempfindlichen Ästheten, der sich so lange nicht an seinem schmucken Garten erfreuen konnte, bis er endlich die in einer Ecke stehende Latrine niederriß, da sie sein Auge beleidigte. Aber es ging gar nicht lange, und alle beleidigten Nasen seiner Familie hatten sich von seinem Fehlschluß überzeugt.

Da aber die Vernunft Sie nicht überzeugen kann, wollen wir es mit einem Beispiel versuchen: Man achte einmal auf die Taktik eines schlauen Metzgers[12], der von einem Schwarm fleischgieriger Fliegen verfolgt wird: Wenn all seine Apparaturen und Fliegenklatschen nichts gegen die gefräßige Beharrlichkeit dieser feisten Biester auszurichten vermögen, schneidet er, sehr scharfsinnig, ein schon kräftig riechendes Stück Fleisch ab, das er als Köder einsetzt. Und so bringt er, indem er ein kleines, schon verdorbenes und wertloses Teilchen opfert, auf kluge Weise den Rest in Sicherheit. Oder, wenn wir zu Belehrungszwecken in höhere Gefilde wechseln: Nehmen wir einen Viehzüchter, der weit entfernt davon ist, seiner Herde die schöne Gewohnheit des Scheuerns zu nehmen: Wenn es dem Vieh kräftig in den Flanken juckt, schlägt er schnell einen Pfahl in der Mitte seines Obstgartens ein, und zwar nicht so sehr, wie man annehmen sollte, um die kitzelgeilen Häute seiner Rinder zu beglücken, sondern einzig, damit seine jungen Bäume vor der Wucht des Scheuerns geschützt sind.

Ich könnte Ihnen noch unzählige Beispiele dieser Art vorführen, die ebenso reich an Anschauungsmaterial wären, aber ich halte Sie ungern von der Lektüre des folgenden Traktats ab; und zudem bin ich ungeduldig darauf, die Ehre zu haben, zu unterschreiben als

Ihr Reform-Mitglied
und untertäniger Diener

Phil-Porney[13]

DAS

VORWORT

FALLS sich ein besonders findiger Leser etwa das Hirn darüber zermartern sollte, weshalb dieses *Findelkind* gerade vor seiner Schwelle so heimlich[14] fallengelassen wurde, so darf es ihm genügen zu erfahren, daß die *Hebamme* von einem Drucker sich so lange weigerte, es auf die Welt bringen zu helfen, bis nicht wenigstens die Bedingung erfüllt sei, daß ich in aller Öffentlichkeit die *Vaterschaft* dafür übernehme. Wäre das wirklich nötig gewesen, so hätte ich noch viele plausible Ausflüchte erfinden können: Etwa, daß ich dem vernünftigen Beispiel etlicher anderer frommer Autoren gefolgt bin, wie etwa demjenigen vom *Eikon basilike*[15], oder demjenigen von den *Pflichten des Menschen*[16], &c., Autoren, welche weitaus mehr für das Wohlergehen ihres Landes als für ihren privaten Ruhm geschrieben haben. Und also darf auch ich mich zu den politischen Schriftstellern zählen. Sollte also mein *Ableger* irgendwelche Geburtsfehler haben, so wollen wir ihn demnach vertrauensvoll der öffentlichen Fürsorge überlassen. Im anderen Fall aber – sollte er sich zufällig doch als hoffnungsfroh erweisen – werde ich erst recht aus allen Scherereien heraus sein: Es werden sich dann *Eltern* genug finden, den *Knirps* zu adoptieren und für ihn zu sorgen. Unter den *machiavellistischen* Gesetzen der Musen ist die *Adoption* eine eiserne Regel, die jeden Tag praktiziert wird. Denn wie wenige unserer nun so hellen *Nobelmänner* hätten sonst *Witz*? Wie viele unserer derzeit florierenden *Poeten* würden sonst ihr *Abendessen* erbetteln müssen?

Es ist ein kommuner Irrtum zu glauben, daß die Menschen von ihren eigenen Einfällen leben, wo sie doch von den Torheiten anderer profitieren, eine Anlage, die bei weitem die besten Zinsen trägt und auch die größten Sicherheiten bietet. Das *Schatzamt* ist geschlossen worden, die *Bank* hat die Zahlungen eingestellt, die *Südsee-Gesellschaft* ist bankrott gegangen, aber von *White's*[17] hat man nie gehört, daß es hätte schließen müssen. Und in der Tat, wie sollte es, wenn fast jedes Geschwätz nach *Dover* oder *Holyhead* hinübergeweht wird und irgendeinen neuen *Eigentümer* großzügig mit frischem *Proviant* versieht?

Bei der Geburt dieses *Traktats* habe ich etliche Wehen durchgemacht. Ich hoffe zwar, daß die *Gottlosen* ihn zu schwerfällig finden, aber gleichzeitig fürchte ich, daß die *Frommen* sich kaum über das Titelblatt hinauswagen. Und sollten sie es trotzdem tun, so weiß ich, daß sie einwerfen werden, hier und dort sei er mit allzu spaßigen Ausdrücken durchwoben – ohne zu bedenken, daß auch ein nüchternes Thema Gelegenheit bietet, mit Heiterkeit gespickt zu werden, auf daß es besser schmeckt und auch besser hinuntergeht. Überhaupt, nachdem ich in der exakten Berechnung, die der überaus erbaulichen *Anti-Heidegger*-Schrift[18] angeheftet war, entdeckt habe, daß kürzlich achtundsechzigtausend Übeltäter bestraft und vierhunderttausend religiöse Bücher *gratis* verteilt worden sind (ohne jene Drei-Groschen-Wische zu zählen, die täglich ohne jeden Sinn und Zweck gedruckt werden, es sei denn für den *Autor*) – also, nochmals: Wenn all diese Maßnahmen ergriffen worden sind und die Unzucht trotzdem kräftig blüht, so denke ich, daß es höchst angebracht sein könnte, es mit meinem Vorschlag[19] zu versuchen, zumal ich völlig davon überzeugt bin, daß paradoxe Maßnahmen manchmal die einzig wirksamen sind. Gib es zu, du *Pfründen-Jäger*! Wenn das Schwimmen mit dem Strom nicht fruchtet, bringt dich nicht das Lavieren oftmals in den behaglichen Hafen eines fetten Amtes? Sprich, du *irischer Hengst!* Wenn ein demütig schwänzelndes Bewundern nichts fruchtet, siegt nicht eine kecke und fordernde Arroganz oftmals im entscheidenden Augenblick? Und sag, *Mesobin!*[20] Wenn ein Abführmittel versagt, ist nicht ein Brechmittel manchmal das beste Rezept gegen Magenweh?

Kurzum: Wenn meine Argumente unvoreingenommen betrachtet werden, so zweifle ich nicht daran, daß meine Leser mir darin folgen werden, daß, solange es die Natur des Mannes ist (und *naturam expellas furcâ licet usque recurret*[21]), in seinen Hosen ein hitziges Brennen zu verspüren, das entsprechende Schwefelfeuer unter den Röcken noch immer das beste *Gegen*mittel sein wird. Und wie sehr man den Menschen auch zu Heimlichkeiten zwingt – sein Treiben wird immer an den Tag kommen: Was hilft es denn, so zu tun, als ob man verstecken könnte, was sich nicht verstecken läßt? Und was, sofern es mit Offenheit und Milde behandelt würde, höchstens weniger Schaden verursachen würde und damit besser zu tolerieren wäre?

Mag der Erfolg dieser Abhandlung sein, wie er will: das Wohl der Menschheit ist mein einziges Ziel. Und was die öffentliche Wohlfahrt meines Vaterlandes betrifft, so bin ich weder herzloser noch fanatischer als jener noble[22] Vorreiter an Aufrichtigkeit, der sein Vorwort mit dem folgenden Absatz beendet: »*Und nun, O mein G-, G- meines Lebens und all meiner Barmherzigkeit, lege ich dieses Werk zu* DEINEN *Füßen, einzig zur Vermehrung* DEINES *Ruhmes ist es gedacht, damit ich so die Welt zur rechten Einsicht über ihre Fehler und Irrtümer erwecken möge, und alle aufrufen kann,* DEINE *Vorsehung zu erkennen, sie zu preisen und immer auf sie zu bauen.*«

EINE

BESCHEIDENE STREITSCHRIFT &c.

ES gibt nichts Seichteres oder nichts, was eine größere geistige Affektiertheit zeigt als die gegenwärtige Mode, die schwierigsten Themen auf lächerliche und spaßige Weise abzuhandeln. Das hier vorliegende Thema der *Hurerei* würde mir, wenn ich es nur wollte, in dieser Hinsicht reichlich Stoff bieten, und es könnte sogar, würde es so behandelt, einige Heiterkeit noch bei denjenigen hervorrufen, die sowieso nur solch niederen Empfindungen zugänglich sind. Doch da das Hauptanliegen dieser Abhandlung nun einmal ist, das allgemeine Wohl und das Glück der Menschheit zu befördern, hoffe ich, man wird mir verzeihen, wenn ich keine zusätzlichen Unterhaltungsversuche unternehme als jene, die sich gerade mit meinem Thema vertragen.

Die Unsitte des *Herumhurens* hat sich in den letzten Jahren so allgemein eingebürgert und ihre Auswirkungen sind so schädlich für das Menschengeschlecht, daß verschiedene Versuche gemacht worden sind, hier ein Ende zu setzen. Eine gewisse *Gesellschaft* von ehrwürdigen *Gentlemen* hat sich der Sache mit wahrhaft löblichem Eifer angenommen, doch das Resultat zeigt nur allzu deutlich, daß sie sich in ihren Maßnahmen geirrt und die Natur des Übels nicht recht erkannt hat; eines Übels, welches wir ja alle gleichermaßen verhindern wollen, so sehr wir uns in den entsprechenden Einschätzungen und Maßnahmen auch unterscheiden mögen. Und wenn auch die Methode, die ich vorschlagen will, nämlich das Errichten von *Öffentlichen Bordellen*, auf den ersten Blick etwas lachhaft erscheinen mag, werde ich doch zeigen können, daß sie die einzige uns noch verbleibende Maßnahme ist, um diesen Mißstand zu beseitigen. Da dies der einzige Sinn und Zweck dieser Abhandlung ist, hoffe ich, daß ich mein Ziel erreichen werde, wenn ich folgende Behauptung bewiesen habe: Daß öffentliches Huren weder in sich selbst so kriminell, noch für die *Gesellschaft* so schädlich ist wie das private Huren, und daß die Ermunterung zum öffentlichen Huren durch das Errichten von *Bordellen* nicht nur die meisten der schädlichen Konsequenzen dieses Lasters verhindern, sondern zudem generell das Ausmaß der Prostitution senken und auf die engsten Grenzen reduzieren wird, in denen sie überhaupt gehalten werden kann. Aber bevor wir fortfahren, ist es erforderlich, daß wir genau erkunden, was denn diese schädlichen Wirkungen sind, welche die Hurerei natürlicherweise produziert, damit wir besser beurteilen können, ob sie durch meinen Plan verhindert werden oder nicht.

WAS DENN DIE SCHÄDLICHEN FOLGEN DES HERUMHURENS SIND[23]

Das schlimmste Übel, das mit diesem Laster verbunden ist und das leicht das ganze Menschengeschlecht befallen könnte, ist die Verbreitung jener ansteckenden Krankheit, *Französische Pocken*[24] genannt, welche in nur zwei Jahrhunderten in ganz *Europa* eine unglaubliche Verheerung angerichtet hat. Da sie in unserem Königreich beim Huren meist mit dazugehört, werden ihre untrüglichen Zeichen heutzutage gern als Merkmal von Lebenskunst und Vornehmheit ausgegeben, während umgekehrt eine robuste und blühende Konstitution oftmals als Zeichen eines gewissen Mangels an Lebensart verstanden und folglich ein gesunder junger Kerl etwa mit derselben Miene betrachtet wird, als ob er sein bisheriges Leben eingeschlossen in einem Schuppen verbracht hätte. Unsere Herren Militärs, deren unstete Lebensweise dem Heiraten nicht gerade zuträglich ist, sind dadurch gesundheitlich und nervlich schon so stark geschwächt, daß sie recht unbrauchbar für Anstrengungen geworden sind, wie sie für die Verteidigung und Erhaltung der Ehre ihres Vaterlandes nötig wären. Und unser Landadel scheint seine Vornehmheit im allgemeinen nur noch durch den maroden Zustand seiner Gesundheit beweisen zu können, was aller Wahrscheinlichkeit nach das Resultat dieser verderblichen Staupe ist. Dennoch macht die Geheimniskrämerei, mit der die meisten anderen Menschen diese Seuche zu verstecken gezwungen sind, die Behandlung oft wirkungslos, und auch wenn die Infektion selbst wieder eingedämmt werden kann, hinterläßt sie doch meist wegen des Fehlens geeigneter Methoden den Körper in einem so schlechten Zustand, daß er sich nicht so leicht erholt. Dem allem scheinen wir auch das Aufkommen jener *Königs-Seuche*[25] zu verdanken, die vor dem Auftreten der *Franzosenkrankheit* nicht verbreitet war. Und was schließlich diesen Mißstand immer unerträglicher macht, ist, daß die Unschuldigen daran ebenso leiden müssen wie die Schuldigen. Männer geben es ihren Ehefrauen, Frauen ihren Ehemännern oder vielleicht gar ihren Kindern; diese geben es ihren Ammen, und die Ammen wieder anderen Kindern, so daß kein Alter, kein Geschlecht und kein Stand ganz sicher vor Ansteckung ist.

Ein weiterer ungesunder Effekt dieses Lasters ist, daß es die Leute verschwenderisch macht und sie in Versuchung bringt, über ihre Verhältnisse zu leben. Denn wenn sich die Männer auch nur einmal den Kopf von dieser unkontrollierbaren Leidenschaft haben verdrehen lassen, so läßt sie sich von keinem irdischen Argument mehr bremsen. Aber da das Herumhuren schon ohne die üblichen Spesen für Ärzte oder Kinder sehr teuer ist, verführt es die Männer oft zu tausend anderen Lastern, einzig, um diese Extravaganz finanzieren zu können. Abgesehen davon: Wenn sich der Kopf erst einmal an diese Überspanntheit gewöhnt hat, so folgt logischerweise eine fahrlässige Mißachtung sämtlicher Geschäfte, und der Umgang mit liederlichen Frauenzimmern verführt den Geist zu einer Art von Faulheit, die sich gar nicht mit jenem Fleiß verträgt, der die Grundlage jedes Staates, ganz besonders einer Handelsnation, ist.

Eine weitere Folge dieses Lasters ist die Tötung von unehelichen Kindern, was noch viel übler ist als das Herumhuren selbst. Und wenn auch das Gesetz in diesem Sonderfall sehr streng ist und völlig zu Recht statuiert, daß, wer zu einer solchen Unmenschlichkeit fähig ist, nicht würdig ist, in der bürgerlichen Gesellschaft zu leben, so gibt es doch unzählige Wege, das Gesetz zu umgehen, sei es, daß man die Kinder vor der Geburt abtreibt, oder sie nach der Geburt absichtlich so lange vernachlässigt, bis sie sterben, so daß nur wenig Hoffnung bleibt, dieser Praxis jemals ein Ende zu setzen; einer Praxis übrigens, die nicht nur barbarisch ist, sondern auch noch das Land zu entvölkern droht. Und da der Wohlstand jeder Nation im großen Ganzen von der Anzahl seiner Einwohner abhängt, so sollte die *Regierung*, sofern dies möglich wäre, überhaupt jeglichem Herumhuren zuvorkommen, da dies ja offenkundig die Fortpflanzung der menschlichen Gattung behindert: Wie viele Tausende junger Männer würden in diesem Land ihre Gedanken dem Heiraten zuwenden, wenn sie nicht ständig jene Leidenschaft verschwenden würden, welche die einzige Grundlage der Ehe ist? Und auch wenn die meisten von ihnen früher oder später die Unannehmlichkeit eines solch unsteten Lebens begreifen und zu der Einsicht kommen, es wäre besser, sich auf eine Einzige zu beschränken, so sind doch ihre Körper durch das vorzeitige und zügellose Ausüben dieser Leidenschaft – zusammen mit den Spätfolgen von Quecksilberkuren[26] – schon so geschwächt, daß sie nur noch einen äußerst erbärmlichen, schwachen und kränkelnden Nachwuchs zeugen. Das und nichts anderes ist der Grund, weshalb so viele unserer alten und vornehmen Familien in letzter Zeit ausgestorben sind.

Es gibt noch einen weiteren Gesichtspunkt, den wir bei diesem Laster im Auge halten müssen, nämlich die Unbill, die es einzelnen Personen und Familien zufügt, sei es, daß es die Zuneigung der Frauen zu ihren Männern untergräbt, was oft zu beiderseitigem Zerwürfnis führt und ganzen Familien zum Verhängnis wird, oder dann, daß unbescholtene junge Mädchen verdorben werden, bis sie schließlich völlig dem Ruin und dem Verderben ausgesetzt sind: Denn wenn auch nur ein kleiner Zipfel eines Fehltritts ans Licht kommt und bemäkelt wird, so werden sie keine anständige Partie und folglich auch ihr Glück nicht mehr machen können. Schließlich verlieren sie mit der Zeit jedes Schamgefühl, und wenn es mit ihnen einmal soweit ist, dann führen sie, getrieben von Geldgier und vermeintlicher Lust, dieses Lotterleben weiter, bis sie als ganz gewöhnliche Prostituierte enden.

Das also sind die vielen schlechten Folgen der Hurerei, und es ist eine traurige Wahrheit, daß eine Praxis, die so verbreitet und so unausrottbar ist wie eben diese, an solch üble Konsequenzen gekoppelt ist. Da aber wenige oder sogar keine einzige dieser Folgen notwendig in der Prostitution selbst liegen, sondern nur vom Mißbrauch und von stümperhafter Organisation herrühren, so muß es doch wohl unser Anliegen sein, die Sache so zu regeln, daß möglichst viele dieser Nachteile vermieden werden können. Und an dieser Stelle muß ich jene ehrwürdigen *Gentlemen* der *Gesellschaft* um Verzeihung dafür bitten, daß ich nicht einsehen kann, wie die Wirkung jener Abschreckungsmittel, die sie gegen die öffentliche Prostitution[27] aufgefahren haben – oder vielmehr: versucht haben aufzufahren –, jemals die erwünschte Wirkung haben sollen. Wenn dieses Laster eines wäre, das man sich durch einen puren Zufall angewöhnt oder das, wie die meisten anderen Laster, von einer schlechten Erziehung herkommt, so gäbe es ja wohl einige Hoffnung, es einfach unterdrücken zu können; dann wäre es auch angemessen, ohne jede Rücksicht dagegen anzureiten, in welcher Form und Erscheinung auch immer es auftritt. Leider aber wird dieser unstillbare Sog zu den Frauen mit uns geboren und wächst mit uns, mehr noch: Ohne ihn wären wir alle gar nicht erst geboren worden. Und auch wenn einige Menschen behaupten mögen, daß illegale Freuden auch gegen das Gesetz der *Natur* verstoßen, so ist wenigstens dieses sicher: daß die Natur es nie versäumt, uns üppig mit diesem Trieb auszustatten, auch wenn sie uns manchmal gar sparsam mit der notwendigen Vernunft und Klugheit ausrüstet, damit umzugehen.

Die über Jahrzehnte gesammelten Erfahrungen, welche die meisten dieser hochehrwürdigen *Gentlemen* in der Welt gemacht haben und die in anderen Fällen von so großem Nutzen sind, könnten ihnen hier aber leicht zum Verhängnis werden, denn das Alter läuft gerne Gefahr, die Heftigkeit der jugendlichen Leidenschaften zu vergessen und folglich davon auszugehen, daß sie leicht zu zügeln sind. Aber wenn wir die eigentliche Quelle des Herumhurens betrachten und die starken Instinkte, welche die Natur in diese Richtung sendet, so sollten wir begreifen, daß in dieser Sache nicht zu heftig gebremst werden sollte, damit das Ganze nicht wie ein Fluß, der aus seinem

Bett ausgebrochen ist, in andere Bereiche einbricht und benachbarte *Gärten* überschwemmt.

Die Historie offeriert uns verschiedene Musterstücke dieser Wahrheit, von denen ich nur ein einziges erwähnen möchte, und das ist dasjenige von Papst *Sixtus V.*, der bei der Handhabung des Rechts und besonders gegen Schwerenöter von der besagten Sorte so unerbittlich streng war – sofern solche Strenge überhaupt noch Recht genannt werden kann –, daß er einen jungen Mann auf die Galeere verbannt hat, nur weil er auf der Straße von einem Mädchen einen simplen Kuß ergattert hatte. Doch auch wenn es letztlich das ausgesprochene Ziel *Seiner Heiligkeit* war, so hat er doch niemals versucht, die Prostitution mit einem einzigen Schlag vollständig auszurotten. Wie ein guter *Hirte* die sauberen von den schmutzigen Schafen trennt, so hat er alle Kurtisanen in ein Stadtviertel gesperrt. Wohl ist es ihm gelungen, das Übel etwas zu dämpfen, indem er alle Kurtisanen verbannte, die ihm über der unbedingt nötigen Zahl zu liegen schienen. Dennoch mußte er den Irrtum seiner Zahlenakrobatik bald erkennen, und zwar, weil die *Sodomie* und tausend andere widernatürliche Laster einrissen, was ihn rasch dazu zwang, die Kurtisanen zurückzurufen. Immerhin hat er uns damit ein äußerst bemerkenswertes Fallbeispiel von der Sinnlosigkeit derartiger Übungen hinterlassen.

Wir wollen nun munter zum Beweis unserer These übergehen; der erste Schritt wird darin bestehen, aufzuzeigen, daß die öffentliche Prostitution als solche weder so gefährlich noch für die Gesellschaft so schädlich ist wie das private Herumhuren.

WESHALB DIE ÖFFENTLICHE PROSTITUTION UNSCHÄDLICH UND DEM PRIVATEN HERUMHUREN VORZUZIEHEN IST

Unter öffentlicher Prostitution verstehen wir den Beischlaf mit einer Auswahl von bestimmten Frauen, die auf jeden tugendhaften Ruf verzichtet haben und die sich für eine mehr oder weniger große Geldsumme jederzeit zur Lust anbieten. Das Übel, das ein Mann in diesem Fall anrichtet, trifft nur ihn selbst, denn was die Frau angeht, so ist seine Tat lobenswert, da er ihr die notwendigen Existenzmittel auf die einzige einigermaßen unschuldige Weise verschafft, die ihr überhaupt offensteht. Der Schaden, den er sich selbst zufügt, betrifft entweder seine Gesundheit oder sein Vermögen und kann also unter demselben Aspekt diskutiert werden wie das Trinken, allerdings mit dem beträchtlichen Vorteil, daß der Verkehr mit Prostituierten jenen kühlen Vernunftgebrauch wieder herstellt, den uns das Trinken zu rauben pflegt. Gäbe es aber tatsächlich die Möglichkeit zur moralischen Besserung einer Frau, daß sie also ihren Unterhalt auf eine ehrbarere Weise verdient, so läge ein gewisses Verbrechen darin, würde man sie ermutigen, einen solchen Beruf auszuüben: Aber man hat festgestellt, daß die Herzen dieser Frauen durch den Verlust der Moral – oder besser vielleicht: durch den Verlust an öffentlichem Respekt – so verdorben sind, daß sie selten oder nie ihren einmal eingeschlagenen Weg wieder zum Besseren wenden können. Und sollten sie es trotzdem versuchen, so wird es ihnen doch niemals gelingen, jenen anständigen Namen wieder zu erlangen, der so absolut unerläßlich ist, wenn jemand sich in irgendeiner ehrbaren Weise über Wasser halten will. Daß es nichts anderes als die schiere Not ist, die sie zwingt, auf diesem Sumpfweg weiterzugehen, zeigt sich in voller Klarheit schon darin, daß sie selbst ihn in Wirklichkeit am meisten hassen. Und in der Tat gibt es in diesem Sumpf auch wirklich nichts Verlockendes oder Verführerisches, schon gar nicht für Leute, deren Neigung zum sinnlichen Exzeß – übrigens das einzige, was jenes Leben vielleicht erträglich werden ließe – längst erloschen ist.

Der andere Zweig der Hurerei, nämlich der *private*, hat viel üblere Folgen. Hier steigt das Verschulden eines Mannes proportional mit dem Grad des angerichteten Schadens, wenn man sein Tun mit Blick auf die *Gesellschaft* diskutiert. Denn neben seiner persönlichen Schuld muß man auch noch die Zunahme der Unmoral betrachten, die sehr beträchtlich ist, wo *verheiratete Frauen* verführt werden, und den Schaden, der auf das Konto der Sicherheit des Verursachers geht, seiner Gesundheit, seines Vermögens und, falls es noch zum Skandal eines unehelichen Kindes kommen sollte, auch seines Rufs. Auch was die Frau betrifft, ist das begangene Unrecht kein kleines, denn solches Tun tendiert dazu, die ganze Haltung einer Frau zu korrumpieren, wodurch die gegenseitige Liebe und Zuneigung zwischen Ehemann und Ehefrau zerstört wird, eine Zuneigung, die doch so wichtig ist zu deren beider Glück. Schließlich kommt noch das Risiko einer Entdeckung hinzu, was zum mindesten den Ruf der Frau und den Seelenfrieden des Ehemanns ruiniert. Und sollte auch ihr guter Ruf nicht völlig dahin sein, so sind die Folgen doch verhängnisvoll, sobald auch nur ein kleiner Verdacht da ist: Der brave Ehemann zweifelt an der Treue seiner Frau, die Frau zweifelt an der Standhaftigkeit ihres Liebhabers, der Liebhaber zweifelt an der Wachsamkeit des Ehemanns; und so ist einer dem andern ein Hemmschuh und gegenseitig schlägt man sich die Tür zur Tugend vor der Nase zu, bis schließlich alle Parteien in ein endloses Elend verstrickt sind; ein Elend, das sich niemand vorstellen kann außer diejenigen, die es am eigenen Leib *fühlen* müssen.

Noch schwerer wiegt das Verbrechen, unschuldige *Mädchen* zu verführen, wenn wir bedenken, daß dabei noch mehr Schaden angerichtet wird und daß die Versuchung, solches zu tun, empfindlich durch die Angst vor dem Kinderkriegen gebremst wird, was einen Mann in den meisten Lebensumständen in ein bleibend schiefes Licht setzt. Immerhin hält das drei Viertel unserer sauberen Jugend davon ab, dem mächtigen Verlangen nachzugeben. Dazu kommt, daß die Methoden selbst schon kriminell sind, die ein Mann anwenden muß, bevor er überhaupt zur Tat schreiten kann. Es zeugt von einer reichlich niederen Gesinnung, eine Jungfrau zu betören und sie mit Tausenden von feierlichen Schwüren und Versicherungen zu einer so guten Meinung von einem selbst zu bringen, sie seiner Liebe zu versichern, so daß sie einem vertraut, mit allem was ihr lieb und nahe ist – und das alles nur im Blick auf die Befriedigung einer momentanen Leidenschaft, die sich ebensogut anderswie entladen könnte als mit ihrem sicheren Ruin und dem Umstand, daß das Mädchen nun gezwungen ist, das Leben einer *öffentlichen Hure* zu führen.

Was nun diese allgemeine Betrachtung der Hurerei betrifft, so ist es zwar evident, daß alle ihre Auswüchse von der einen Quelle herrühren, nämlich von unserer naturgegebenen Liebe und Leidenschaft für das weibliche Geschlecht. Trotzdem aber handelt es sich um sehr unterschiedliche und ebenso eigenständige Verbrechen wie diejenigen, die von unserer übermäßigen Liebe zum Geld herrühren, wie etwa das Morden, das Stehlen &c. Und ich hoffe auch, mittlerweile genügend Argumente aufgeführt zu haben, um zu beweisen, daß die öffentliche Prostitution bei weitem der am wenigsten kriminelle und der *Gesellschaft* am wenigsten schädliche Teil der Hurerei ist. Schon das alleine sollte für die *Gesetzgebung* ein ausreichendes Motiv sein, das Laster auf diesen Kanal zu begrenzen. Ich will nun aber weitergehen und – wie oben angekündet – zeigen, daß die Ermunterung zur öffentlichen Prostitution nicht nur die meisten der schädlichen Konsequenzen dieses Lasters verhindern, sondern zudem generell das Ausmaß der Hurerei senken und auf die engsten Grenzen reduzieren wird, in denen es überhaupt gehalten werden kann.

Wenn ich von der Ermunterung zur öffentlichen Prostitution spreche, so möchte ich so verstanden werden, daß ich nicht nur das Errichten von *Bordellen* meine, wie ich es zunächst signalisiert habe, sondern auch, daß diese mit entsprechenden Privilegien und Sonderrechten ausgestattet werden, während gleichzeitig das private Huren kräftig geahndet wird, auf daß der große Sturzbach der Geilheit in den öffentlichen Kanal gelenkt werden kann.

Ich werde zu diesem Zweck hier einen Plan vorlegen, der (auch wenn er mein Anliegen bestens illustriert und einen guten Beweis für meine Argumente liefert) zweifelsohne noch tausend Verbesserungen erfahren dürfte, wenn er durch die Hände eines *Nationalen Senats* gehen würde, dessen erhabene Körperschaft aus *Geistlichen* und *Weltlichen* sich – so hoffe ich – dieser wichtigen Angelegenheit doch wohl annehmen wird, da beide davon direkt betroffen sind.

WIE DIE ÖFFENTLICHEN BORDELLE EINZURICHTEN SIND

Der Plan, den ich vorschlage, ist der folgende: Man soll hundert oder noch mehr Häuser in einem geeigneten Stadtviertel Londons zur Verfügung stellen, in denen insgesamt zweitausend Frauen Platz finden, und dasselbe soll man proportional dazu auch in allen anderen Städten des Landes tun. Sofern hundert Häuser reichen, soll man hundert *Matronen* bestimmen – eine für jedes Haus –, die genügend Geschick und Erfahrung haben, um zwanzig Prostituierte zu beaufsichtigen und darauf zu achten, daß diese sich sauber und manierlich halten und den Herren die Zeit auf höfliche und gefällige Art vertreiben. Zur Unterstützung dieser *Matronen* soll jedes Haus über ein bestimmtes, zoll- und steuerfreies Quantum verschiedener Alkoholika verfügen, womit die Herren gebührend und ohne jene Beutelschneiderei bewirtet werden können, die normalerweise in solchen Häusern herrscht. Neben diesen eben erwähnten hundert Häusern sollte noch für ein besonders großes gesorgt werden, das sich als Krankenhaus eignet und wo zwei Ärzte und mindestens vier Chirurgen[28] zur Verfügung stehen. Schließlich sollten auch noch drei Kommissare bestimmt werden, die das Ganze überwachen, Klagen anhören und bereinigen, und die überhaupt dafür sorgen, daß jedes Haus die Vorschriften und Regeln pünktlich einhält, die für die gute Leitung einer solchen Gesellschaft für nötig erachtet werden. Zur geziemenden Unterhaltung von Herren aller Ränge und Herkunft sollte man die zwanzig Frauen jedes Hauses in vier Gruppen einteilen, die wegen ihrer Schönheit oder anderer Vorzüge auch das Recht haben, unterschiedliche Preise zu fordern.

Die erste Gruppe sollte aus acht Frauen bestehen, die von jedem Besucher eine halbe *Crown*[29] verlangen dürfen. Die zweite Klasse besteht aus sechs, deren Fixpreis eine *Crown* sein soll. Die dritte Klasse aus vier, für eine halbe *Guinea*[30]. Die restlichen zwei Frauen machen die vierte Klasse aus und sind nur für Personen von höchstem Rang bestimmt, die für ihren erlesenen Geschmack auch eine ganze *Guinea* springen lassen können. Um die Auslagen des Etablissements zu begleichen, wird eine sehr bescheidene Gebühr genügen: schon wenn etwa die erste Klasse jährlich nur vierzig Schilling bezahlt und die anderen im entsprechenden Verhältnis, so werden etwa gegen zehntausend Pfund im Jahr zusammenkommen, was nicht nur die Saläre der Kommissare, die Kassen der Chirurgen und andere Eventualitäten decken wird, sondern überdies einen guten Grundstock für den Unterhalt von unehelichen Kindern, Waisen und alten Prostituierten liefert.

Damit diese *Firma*[31] möglichst gut regiert werden kann, ist es nötig, daß jede *Chefin* in ihrem eigenen Haus den absoluten Oberbefehl hat und daß keiner Frau gestattet wird, das Haus ohne deren Erlaubnis zu verlassen. Im Innern des Hauses werden alle Lügen streng bestraft, und ebenso dürfen auch keine minderjährigen Mädchen – unter welchem Vorwand auch immer – aufgenommen werden. Musik oder Gelage, welche die anderen stören, sind in keinem Raum gestattet. Kein betrunkener oder ungepflegter Kunde darf zur Unzeit eingelassen werden, ohne daß die Chefin ihre Zustimmung gibt. Und im Fall von Gewalttätigkeiten muß sie berechtigt sein, die Bürgerwehr zu rufen.

Zur gesundheitlichen Sicherheit der *Firmenmitarbeiterinnen* muß angeordnet werden, daß, sobald ein Gentleman sich über irgendwelche Unbilden beklagt und sich die betreffende Frau bei der Untersuchung als angesteckt erweist – ohne daß sie solches zuvor der Bordellmutter offenbart hätte –, dieselbe nackt ausgezogen und verstoßen werden soll. Wenn eine Frau hingegen ihr Mißgeschick aufdeckt, bevor einen Klage gegen sie vorliegt, so soll sie in die *Krankenstation* geschickt und auf Kosten des Staates kuriert werden. Keine Prostituierte, welche die Syphilis mehr als zweimal gehabt hat, darf jemals wieder zugelassen werden. *Nota*: drei Mal Tripper[32] bedeutet soviel wie einmal Syphilis.

Aber da unvorhersehbare Zufälle zur Weitsicht mahnen und mir auch keine *Gesellschaft* bekannt ist, die sich ihre Verfassung in einem einzigen Anlauf gegeben hat, so werde auch ich die weitere Ausarbeitung dieser Gesetze und aller neuen, die für notwendig erachtet werden, vertrauensvoll der *Klugheit* unserer *Legislative* überlassen.

Wenn einmal die *Öffentlichen Bordelle* errichtet und unter gute und nützliche Gesetze gestellt sind, bleibt, um dieses Projekt zu vollenden, nichts weiter mehr zu tun, außer daß man mit geeigneten Maßnahmen dafür sorgt, daß alle anderen Arten des Hurens unterbunden werden. Und hier gilt es zu hoffen, daß jene würdigen *Gentlemen* der *moralischen Reformgesellschaft,* die sich bislang nur dadurch ausgezeichnet haben, mit sehr viel *Eifer* sehr wenig zu erreichen, sich nun mit etwas zu befassen beginnen, was eine viel bessere Erfolgsaussicht verspricht als etwa, ein armes umherirrendes Hürchen auf Betreiben eines *reformatorischen* Eiferers dazu zu bringen, Hungers zu sterben. Statt dessen könnte man sie nämlich auch mit etwas *Bridewell*-Rhetorik[33] oder mit der Schreckensvision der Deportation leichthin davon überzeugen, daß sie in einem *Öffentlichen Bordell* bequemer und anständiger leben kann. Sollte es aber Frauen geben, die so verrückt sind und lieber herumstreunen, oder solche, die sich nicht dazu eignen, den Herren entsprechend obiger Regeln zu Gefallen zu sein, dann sollen sie weggeschafft werden, denn so wie *Bridewell* gegenwärtig verwaltet wird, würden sie dort nur noch mehr verelenden und folglich noch mehr zum Herumhuren gezwungen sein.

Wir wollen nun – der Kürze halber – einmal von der Annahme ausgehen, daß diese *Öffentlichen Bordelle* kräftige und mutige Unterstützung erfahren haben und daß gegen alle anderen Verästelungen dieses Lasters mit der äußersten Gesetzesstrenge vorgegangen worden ist.

Was mir jetzt noch zu tun bleibt, ist nachzuweisen, welchen Nutzen die *Nation* davon hätte und wie dieses Projekt weiteren schädlichen Folgen dieses Lasters – ich habe sie erwähnt – zuvorkommt oder sie wenigstens verringert. Was die Einwände – *christliche* oder *moralische* – betrifft, die gegen mich vorgebracht werden mögen, so werde ich am Schluß dieser Abhandlung auf sie eingehen.

WESHALB DIE ERRICHTUNG VON BORDELLEN FÜR DEN STAAT VON NUTZEN IST

Erstens also behaupte ich, daß die *Nation* einen großen Nutzen schon darin haben wird, daß ein sehr beachtlicher Teil ihrer verwahrlosten Bewohner zu einer zivilisierten und geregelten Lebensweise gebracht wird. Jahr für Jahr gibt es eine Anzahl von jungen Frauen, die allmählich und Schritt für Schritt zum äußersten Grad der Unzucht und des Lasters absinken. Diese Frauen sind, neben ihrer Haltlosigkeit, im allgemeinen auch für fast den ganzen Rattenschwanz von unmoralischen Handlungen zur Rechenschaft zu ziehen. Der Grund ist offensichtlich: Von ihren Eltern völlig sich selbst überlassen, sind sie in tiefste Armut geraten, und wenn sie mit dem Huren ihren Unterhalt nicht decken können, so müssen sie zu kriminelleren Methoden wie *Lügen, Betrügen, offenem Diebstahl &c.* greifen. Nicht, daß diese die notwendigen Begleiter der Lust sind oder auch nur den leisesten Bezug zu ihr haben – wie übrigens alle *Lustmolche unter den Ehrenmännern* gerne bezeugen werden –, doch die üble Art, mit der diese Unglücklichen in der Welt behandelt werden, ist der Grund dafür.

Alle weiblichen Menschen, die ihren guten Ruf – sei es durch angeborene Frigidität, einen bedauerlichen Temperamentsfehler oder weshalb auch immer – bewahrt haben, und erst recht alle Männer, anständige wie unanständige, haben einen derart gewaltigen Widerwillen gegen jene Kriminellen, daß sie keinen Unterschied mehr machen: alle Prostituierten werden mit den gleichen Schimpfworten gebrandmarkt, alle werden mit derselben Verachtung bestraft und geschmäht, so daß sie ihren schlechten Ruf – auch wenn sie sich noch mit einer anderen Schandtat befleckten – um kein Jota mehr vergrößern können. Ist also einmal die Angst vor dem Tadel der Welt weggefallen – in der Tat das größte *Bollwerk der Moral* –, so verwundert es nicht, daß diese als ehrlos gebrandmarkten und von tausend Nöten umgetriebenen Frauen alle möglichen Verbrechen begehen, sofern sie nicht die Angst vor Körperstrafen zurückhält.

Dies alles würde sich mit meinem Projekt von Grund auf ändern: Sobald nämlich diese Frauen sich in einer gewissen Sicherheit befinden und bevor sie in extreme Armut absänken, würden sie in eine der vorher erwähnten Klassen von professionellen Prostituierten aufsteigen, wo sie – anstatt notwendig in die Ehrlosigkeit abgedrängt zu werden – genauso viel Gelegenheit zum Anstand erhalten wie in anderen Verdienstzweigen. Mit dem nämlichen Geld, das ein bestechlicher *Premierminister* eingesteckt hat, versucht er die Korruption zu verschleiern, ein *Kirchenmann* läßt Opfergelder unter seiner Soutane verschwinden, und man sage mir, wer es wagen wollte, einen Bischof des *Ämterkaufs* zu bezichtigen? Versuche nur einmal, einen *Obersten* der Ungerechtigkeit anzuklagen, so wird er von einem Komitee von *Gleichgesinnten* verteidigt, und alle deine Anschuldigungen erweisen sich als gegenstandslos, falsch und verleumderisch. Jeder *Rechtsanwalt* betrügt dich nach dem Buchstaben des Gesetzes, und deinem *Arzt* kannst du dafür danken, daß du überhaupt noch lebst, wenn du dich über ihn beschwerst. Im Handel gilt das *Übertölpeln*[34] als *kluges Geschäft*; *mechanische Tricks* werden als *Handwerkskunst* ausgegeben. Doch weit davon entfernt ist das arme Freudenmädchen, denn wenn sie nur schon eine einzige Dummheit begeht, beispielsweise, daß sie einem Gentleman eine *Tabakdose* abluchst, so entkommt sie dem Gefängnis kaum, und schon der erste Verdacht wird sie ruinieren; sie wird aus der Öffentlichkeit entfernt, und als Diebin gebrandmarkt muß sie noch froh sein, wenn man sie verbannt.

Kurzum: In einem *Öffentlichen Bordell* müssen die Anreize zu ehrenhaftem Betragen durchaus nicht geringer sein als an jedem anderen Ort auf der Welt: Schließlich ist den Menschen eigen, daß sie bei denjenigen, mit denen sie zusammenleben, gerne einen guten Eindruck hinterlassen; um die Meinungen von Fremden hingegen kümmert man sich nicht sonderlich. In unserer Gemeinschaft aber, wo reizvolle Ausschweifungen nicht als etwas Tadelnswertes, sondern vielmehr als eine Empfehlung gelten, wird sich genau darauf der gute Ruf der Frauen bilden, und sie werden auf ihrem *point d'honneur* genauso beharren wie der Rest der Menschheit, schließlich werden sie vom nämlichen Wetteifer getrieben und abgeschreckt von noch größeren – oder zumindest gewisseren – Strafen. Kurzum: Neben einer derartigen Reform der öffentlichen Moral wird das Publikum noch von einem weiteren Vorteil profitieren: es wird endlich diese nächtlichen Ruhestörungen, das Gezänk und das Herumkrakeelen los sein, die das streunende Pack verursacht, wenn es zwischen den vielen privaten Spelunken herumzieht: bekanntlich zum großen Ärger aller anständigen Einwohner.

Wir haben vorher schon, und zwar mit guten Gründen, von der *Franzosenkrankheit* als einer der schlimmsten Begleiterscheinungen des Herumhurens gesprochen; schließlich gilt eine gute Gesundheit als *conditio sine qua non* des guten Lebens. Doch gerade die besagte Krankheit hat etwas, was besonders hartnäckig ist – als ob es aus *Pandoras* höchst übler Büchse herausgefallen wäre –, denn es gibt sonst kein Gebresten, das sich nicht mit der Zeit und unter veränderten Umständen sogar auch ohne Medikamente etwas lindern ließe; aber dieses hier ist ein so eifriger und unermüdlicher Feind, daß es – es sei denn, man wird resistent – niemals gleich bleibt und jeden Tag an Stärke zunimmt, und zwar bis zur äußersten Unruhe des Patienten. Und deshalb sollte es doch eigentlich allen einleuchten, daß *Öffentliche Bordelle*, wenn sie gut geführt werden, die Verbreitung dieser Pest verhindern können, so daß ich doch eigentlich, wenn ich hier noch weitere öde und umständliche Beweisschlachten führen sollte, wie ein dummer Phrasendrescher erschiene.

Nochmals: Diese Krankheit hat ihre Quelle und ihren Ursprung einzig und allein im Herumhuren, von da wird sie in die Familien eingeschleust, und ebenso erhält sie über diesen Kanal andauernd Nachschub und Verstärkung. Wenn aber dieser Quell dereinst einmal zum Versiegen gebracht worden ist, so wird die ganze Nation auf natürlichstem Weg genesen und zu ihrer vormaligen Stärke zurückfinden. Das alles wird in jedem Fall geschehen, sofern man dafür sorgt, daß die Bordelle frei von Ansteckung gehalten werden, und es müßte ein junger Kerl schon vorsätzlich verrückt sein, nähme er das Risiko auf sich, in einer Apothekerspelunke Kopf und Kragen zu riskieren, wo er doch mit so viel Komfort und Bequemlichkeit und ohne Angst vor einem *Reformpolizisten*[35] sowohl seiner Gesundheit wie seiner Lust – und das noch mit einer erfreulichen Varietät von Mätressen – frönen könnte.

Ich gebe zu, daß es auf den ersten Blick als eine recht schwierige Aufgabe erscheinen mag, die *Öffentlichen Bordelle* sauber und sicher zu halten, aber wenn wir die Sache aus der Nähe betrachten, ändert sich das Bild. Denn die besagte Krankheit überträgt sich wechselweise von der Frau auf den Mann und vom Mann auf die Frau, aber der erste Fall ist aus verschiedenen Gründen der häufigere; schließlich sind wir keine Hofhähne und keine Stadtbullen, die einen ganzen Harem von Weibchen völlig zu ihrer alleinigen Verfügung haben. Dagegen kann eine anstellige und fleißige Frau, die sich uns liebend und liegend zur Verfügung stellt, etliche geile Männer befriedigen, was demnach auch bedeutet, daß eine begrenzte Anzahl geschickter Frauen hübsch davon leben kann, einer stattlichen Anzahl von Kunden zu Diensten zu sein. Wenn also nun auch nur ein kleiner Teil dieser Frauen krank ist, so können diese sehr viele Männer anstecken, wohingegen angesteckte Männer weder die Möglichkeit noch die Lust haben, ebenso viele Frauen anzustecken. Ich sage bewußt *Lust*; denn eine Frau kann sehr wohl, damit sie das Geld für den Arzt erhält, Lust heucheln, wo sie eigentlich Schmerz empfindet. Mehr noch: Sie kann sogar so tun, als ob sie verletzt worden sei, denn ein Mann wird die Schmerzen einer Frau eher auf ihre jungfräuliche Anatomie oder auf seine kräftigen Stöße zurückführen, bevor es ihm in den Sinn käme, daß er vielleicht nur einen *Schanker*[36] gestört hat. Das alles kann eine Frau sehr wohl fingieren, schließlich bleibt sie bei der Sache ziemlich passiv, aber ein Mann muß heiß und sozusagen bei *stehender* Laune sein, bevor es überhaupt zum Akt kommt.

Im übrigen überlasse ich es dem erfahrenen Leser zu beurteilen, inwiefern sich die Brunst gerade durch eine brennende *Gonorrhöe*[37] kühlen und ebenso, ob der Trieb sich dadurch austricksen läßt, daß ein Mann seine Gedanken von nun an auf seine *runde Diät*[38] zu richten hat – wie er am Abend zwei Pillen und am Morgen drei verdauen soll, oder darauf, wie es sich lebt, wenn ihm pochierte Eier eklig werden, oder darauf, wie man es anstellt, seine Bettwäsche vor den Flecken zu retten …, und tausend weitere Unannehmlichkeiten, die einem Mann von Welt in diesem leidigen Fall begegnen können. Und falls diese Argumente noch immer nicht reichen sollten, nehme ich ein *starkes Seil* und binde die restlichen Triebe damit fest. Kurzum: Nach all dem Gesagten können wir nun mit größtem Komfort folgenden Schluß ziehen: Daß, nachdem die Männer in den seltensten Fällen für die Ansteckung verantwortlich sind, die Verbreitung dieser Krankheiten vor allem auf die vernachlässigte Kurierung angesteckter Frauen zurückzuführen ist. Nun sollen aber gerade die *Öffentlichen Bordelle* so reguliert werden, daß keine Frau ihre Ansteckung lange verheimlichen kann; was sage ich: daß es sogar in ihrem eigensten Interesse liegt, sie als erste aufzudecken, so daß der Schaden, den die *Gesellschaft* zu tragen hatte, als der *Tripper* noch an der Tagesordnung war, bald einmal repariert und überhaupt diese Krankheit mit der Zeit völlig ausgerottet sein wird. Das sollte zu diesem Punkt nun wohl genügen.

WESHALB BORDELLE ZEIT, GELD, GESUNDHEIT UND MENSCHENLEBEN SPAREN

Das nächste, was bei der Diskussion der Hurerei ansteht, sind die durch Vernachlässigung der Geschäfte verursachten Kosten, die deshalb auf Konto des Lasters gehen, weil es soviel von unserer Zeit und unseren Gedanken absorbiert. Denn man lasse einen Mann auch noch so tief in seinen Geschäften stehen: nichts wird jemals die Zirkulation seines Blutes und schon gar nicht die Samenproduktion aufhalten. Beim Schlafen und beim Wachen verrichten die *Samentierchen*[39] ihre Dienste, und sogar dann, wenn die Gedanken eines Mannes noch so sehr bei anderen Geschäften sind, so daß er nicht jedem kleinsten Kitzel nachgeben kann. Und wirklich könnte ein lebenslustiger Mann aus dieser kopulativen Wissenschaft ein ganzes Studium ableiten; aus reiner Trägheit und Vergnügungslust könnte er seine Natur völlig in diese Richtung lenken und seine Phantasie ganz in den Dienst der Geilheit stellen. Aber sein Körper wird immer schneller müde, seine

Lebensgeister sind von dieser ständigen Anstrengung überfordert, sein Körper wird folglich immer schwächer und seine Nerven schlaff, und sein unregelmäßiger und verweichlichter Lebenswandel wird kaum je dazu führen, daß er wieder zu seiner einstigen Form zurückfände. Dazu kommt, daß jene Körperteile, denen mit diesem Lebenswandel am meisten Gewalt angetan wird, sowieso vielerlei Unbill ausgesetzt sind; bekanntlich leiden Wüstlinge, auch wenn sie ansonsten recht gesund sind, gern einmal unter Röhrenkatarrh und Blasenschwäche, sei es wegen eines alten Geschwürs an der *Prostata*[40], sei es wegen des ständigen Mißbrauchs, der solche Effekte hervorbringt. Diese Männer werden, das ist wahr, über Frauen immer noch sehr brünstig sprechen, aber so sehr sie sich dabei auch heiß reden, werden sie doch niemals mehr wirklich dieselbe brennende Lust verspüren wie zu jenen Zeiten, als ihre Gefäße noch in vollem Saft waren. Die Wahrheit ist, daß ihre Lust eigentlich nur noch im Kopf stattfindet, ihre Lust wird von den Eindrücken vergangener Ideen am Leben erhalten; Ideen, die nicht so schnell gelöscht werden können wie der Kitzel, der sie einmal verursacht hatte. Schließlich wird die Leidenschaft immer schmächtiger, bis sie mit der Zeit überhaupt ihren Sitz von der *glans penis* zur *glandula penealis*[41] verlagert. Ein Geschäftsmann hingegen oder einer, der ein anständiges und regelmäßiges Leben führt, wird seltener von solch geilen Anfällen attackiert, aber wenn, dann kommen sie mit doppelter Gewalt. Und auch wenn es eine allgemein akzeptierte Meinung ist, daß ein Mann, je mehr er sich schon enthalten hat, seine Triebe folglich noch mehr unterdrücken kann, so ist das nur in einer Hinsicht wahr und bedeutet eigentlich nicht mehr als dies: Daß, wenn ein Mann – aus welchen Gründen auch immer – in der Lage war, seine Triebe zu unterdrücken, sagen wir für einen Monat, so wird er – sofern die nämlichen Gründe weiter bestehen und sofern nicht eine zusätzliche Versuchung dazukommt – sie auch noch einen weiteren Monat lang unter Verschluß halten können; und zwar unbesehen davon, daß er vielleicht einen viel stärkeren Trieb hat als ein Mann, der aus purer Langeweile jeden Tag seiner Lust frönt.

Und falls es dennoch Männer von dieser sonderlichen Konstitution geben sollte, die ihre bescheidenen Lüste ganz einfach und mit Hilfe von *drei kleinen Hosenknöpfen* versiegeln können oder die sonstwie mit einer so außergewöhnlich starken Vernunft gewappnet sind, daß sie auch die *wildesten* Hiebe einer tobenden Leidenschaft spielend parieren können: dann gratuliere ich ihnen von Herzen zu ihrer glücklichen Konstitution, habe aber im weiteren nichts mehr mit ihnen zu tun, insofern die *Öffentlichen Bordelle* wohl nicht für solche Tugendbrüder geschaffen sind. Ich spreche hier von jenen Geschäftsmännern, die sich trotz ihrer Abstinenz und ihres geregelten Lebens gelegentlich doch gezwungen sehen, einen amourösen Brand zu löschen, und ich meine, daß bei solchen Männern das Verlangen viel stärker als bei den kommunen Wüstlingen ist, und daß ihre Enthaltsamkeit die Stärke des Begehrens nur noch schürt und unausweichlich macht: Denn ein Kopf, der nicht von ständiger Befriedigung übersättigt ist, kann sofort Feuer fangen, und da die *Samentierchen* nicht mit erzwungenen Entleerungen geschwächt werden, stehen sie in voller Kraft und vermitteln den Nerven ein höchst exklusives Gefühl, so daß die Blutgefäße schon beim leisesten Tändeln eines lockenden Weibsbildes startbereit sind und man *Othellos* Worte brauchen könnte – *daß die Sinne bei ihrem Anblick schmerzen*[42].

Und jetzt? Was soll dieser arme Mann nun tun, wenn er erst einmal entschlossen ist, sich zu erleichtern? Entweder läßt er sich an einschlägigen Orten auf ein Abenteuer ein, wo ihm, schlimm genug, ein Mißgeschick zustoßen kann, das ihm auch noch die Taschen austrocknet und ihn zum Geschäftemachen – außer vielleicht hinter geschlossenen Türen – untauglich macht. Oder er muß seine Zeit wie auch seine Überredungskünste – und vielleicht auch seine Börse – darauf verwenden, irgendein braves Mädchen zu verführen, was seinen Kopf – neben dem immensen Zeitverlust, den die Durchführung einer solchen Intrige kostet – schnell einmal in einen solchen Liebeswahnsinn bringt, daß an Geschäfte erst gar nicht mehr zu denken ist, abgesehen davon, daß die ganze Geschichte Folgekosten nach sich zieht, von denen er sich nie hätte träumen lassen.

Doch nun, nämlich um all diesen Unannehmlichkeiten abzuhelfen, werden unsere *Öffentlichen Bordelle* immer bereit und offen sein: Hier wird ein Mann seine Ausgaben entsprechend seinen Verhältnissen regeln können; von einer halben *Crown* bis zu einer *Guinea*, und das Ganze auch noch, ohne seine Gesundheit zu gefährden. Darüber hinaus ist nun – und ich bitte, das besonders zu beachten – für einen Mann der Umstand, daß er von einem plötzlichen Anfall von Geilheit übermannt wird, auch dann kein Problem, wenn er in größtem Geschäftsdruck steht: Denn schon beim leisesten Augenzwinkern steht eine willige Mätresse zu seiner Erleichterung bereit, und er wird sich nachher seinen Geschäften mit noch größerer Hingabe widmen können, da er seinen Kopf völlig frei hat von jenen ärgerlichen Ideen, die sonst immer dann auftreten, wenn sich im Körper die Sinne erhitzen. Aber fahren wir fort:

Eine weitere üble Konsequenz der Hurerei ist ihr Beitrag zur Entvölkerung einer Nation[43]: Zum einen wegen der Tötung[44] der unehelichen Kinder und andererseits, weil das Herumhuren so ruinöse Auswirkungen auf die Konstitution unserer jungen Männer hat, daß sie, wenn sie heiraten, entweder keine Kinder mehr zeugen können oder nur solche, die kränkeln und bald sterben. Das erste dieser Übel ist in der Tat fast unausrottbar, besonders bei einfachen und anständigen Frauen, die sich dieser Grausamkeit so lange schuldig machen, als der weiblichen Ehre weiterhin jener hohe Wert beigemessen wird, die sie in der Gesellschaft hat. Und doch wird unser System auch hier, wenigstens bei den einfachen Frauen, dieses Übel in beträchtlichem Ausmaß verringern, denn jede professionelle Dirne, die unter dem Schutz der Gesetze steht, wird – wenn sie vor der Geburt steht – im Hospital einen Platz zugewiesen bekommen, und ebenso wird sie zur Pflege ihres Kindes angehalten werden, so daß schließlich eine ansehnliche Zahl von Kindern aufgezogen werden kann, die unter anderen Umständen möglicherweise umgekommen wären. Im übrigen gibt es sehr viele ganz einfache Mädchen, etwa Dienstmägde, die sich hauptsächlich wegen der Angst, die Stelle zu verlieren und kein Brot mehr zu haben, zu diesem Akt getrieben sehen. Nun aber kann das hübsche Geschenk, das ihnen da angehängt worden ist, sie vielleicht eher zum Eintritt in eines der *Bordelle* anstatt zu einer so widernatürlichen Tat bewegen, besonders, wenn auf Kindstötung Todesstrafe steht.

Und nun, laßt uns einmal die Sache um die Ehe beleuchten. Nachdem die Welt nun nicht mehr länger im Naturzustand ist, sondern säuberlich unterteilt in verschiedene, voneinander unabhängige Gesellschaften, und diese Gesellschaften selbst wieder unterteilt sind in verschiedene Ränge und Gruppen von Menschen, welche sich durch ihre Titel und Berufe unterscheiden, die wiederum vom Vater an den Sohn weitergegeben werden, so ist es wohl offenkundig, daß die Ehe eine absolute Notwendigkeit ist, und zwar nicht nur, um die übliche Fortpflanzung der *Spezies* und deren sorgfältige Erziehung zu garantieren, sondern ebenso, damit die Rangunterschiede unter den Menschen erhalten bleiben, Rangunterschiede, die bei zweifelhaften Verhältnissen durcheinandergebracht werden oder gar völlig verlorengehen. Und ergo ist ebenso gewiß und jenseits aller Diskussion, daß alle Arten von Ausschweifungen die größten Feinde der Ehe sind, insofern sie die Gesundheit gefährden und die wahren Quellen der ehelichen Liebe untergraben.

Die Liebe, obwohl eine so überaus notwendige Leidenschaft, ist aber von einer so kitzligen Natur, daß sowohl ein Zuwenig als auch ein Zuviel von ihr gleichermaßen schädlich, die goldene *Mitte* aber kaum je anzutreffen ist. Und so fallen wir gerne von einem Extrem ins andere.

Von Natur her sind wir mit einem außerordentlichen *Vorrat*[45] an Liebe ausgestattet, so daß es fast den Eindruck macht, als hätte die Natur mit einer derart freimütigen Vorratswirtschaft eine diskrete Einwilligung zum *Vergeuden*[46] gegeben. Wenn junge Männer wirklich dazu gemacht wären, vollkommen keusch und rein zu leben, ohne jemals ihre Hörner abzuwetzen, würde die erste Liebes-Attacke in ihren Köpfen alles drunter und drüber purzeln lassen, und das ganze Land wäre geplagt mit Liebesabenteuern und Eifersuchtskämpfen. Sobald der Sohn eines *Pairs* ins sechzehnte Lebensjahr kommt, wird er Gefahr laufen, zu einem fahrenden Ritter zu werden und womöglich die Tochter eines Flickschusters zu seiner *Dulcinea* zu küren, und, wer weiß, ob nicht ein spritziger junger Schneider sich in einen *Rasenden Roland* verwandelt und seinen Kopf aufs Spiel setzt, um eine Dame von Geburt und Vermögen zu erobern. Kurzum: Wir können täglich so viele Fälle dieser ruinösen und ungleichen Ehe-Gespanne sehen, und zwar ungeachtet unserer gegenwärtigen Zügellosigkeit, daß wir zu Recht annehmen müssen, kein Vater könnte jemals, und sollte das Land auch in vollkommenster Ruhe sein, für das Betragen seiner Kinder garantieren.

Allerdings muß ich gestehen, daß, so wie die Dinge jetzt stehen, ein Tugend-Exzeß weit weniger wahrscheinlich ist als ein Exzeß an Unzucht, auch wenn es Gelegenheit zu beidem gäbe. Dennoch hätten etliche jetzt lebende Väter ihre Söhne lieber fünfzigmal ins *Bordell* gehen gesehen als dieses einzige Mal unglücklich verheiratet, wie sie es jetzt sind. Trotzdem ist natürlich das andere Extrem ebenso gefährlich – wenn nicht sogar noch mehr –, da es viel häufiger ist. Viele Junge lassen die Zügel ihrer Lüste viel zu heftig schießen, so daß sie entweder ihre Heiratslust verlieren oder dann sich so herunterwirtschaften, daß sie die Pflichten des Ehestandes nicht mehr erfüllen können.

Um also diese beiden gefährlichen Extreme zu vermeiden, haben wir die *Öffentlichen Bordelle* errichtet, was – wie jeder einigermaßen vernünftige Mann zugeben wird – der gesuchte goldene Mittelweg ist. Denn erstens vermeiden wir damit die Nebeneffekte einer zu strengen Enthaltsamkeit. Wenn ein Mann durch seinen Verkehr in den *Bordellen* einige Erfahrung gesammelt hat, ist er fähig, ein recht gutes und vergleichendes Urteil davon abzugeben, was er von der höchsten Erfüllung in der Liebe wirklich erwarten kann; auch wird er nach dem Beischlaf seine Vorstellungen von Schönheit sonderbar verändert finden und sich nicht so schnell wegen einer dieser romantischen Liebes-Chimären in eine unpassende Bindung stürzen; ein Liebeswahn, der den Verstand unerfahrener junger Menschen verwirrt und sie auf die absonderliche Idee bringt, einzig die Liebe mache das Glück des Ehestandes aus. All das wird sich so prompt einstellen, daß ich hier gar nicht weiter insistieren will.

Zweitens und nächstens: Die *Öffentlichen Bordelle* verhindern die üblen Folgen exzessiver Ausschweifung, da sie die Gesundheit der Männer nicht ruinieren, so daß ihnen – und sollten sie auch aus leicht durchschaubaren

Gründen eine Heirat lange Zeit aufschieben – noch immer ein ansehnlicher Lust-Vorrat geblieben ist, der sie irgendwann dann doch davon überzeugen dürfte, den fröhlichen Junggesellenstand aufzugeben. Und auch wenn sie spät heiraten, werden sie in der Lage sein, allen Zielen und Zwecken des Ehestandes zu genügen – vielleicht sogar besser, als wenn sie vorher völlig enthaltsam gelebt hätten.

Das mag nun als kühne Behauptung gelten, aber der Beweis ist doch offenkundig. Trotzdem, um methodisch vorzugehen: Es gibt drei Arten, wie hitzige junge Männer ihre Manneskraft bis zur Impotenz ruinieren können. Erstens durch Handarbeit, auch als Masturbation bekannt. Zweitens durch zu häufiges und hemmungsloses Beischlafen. Und schließlich durch das Auflesen von venerischen Krankheiten wie Tripper oder Syphilis.

Das erste kunstvolle Handwerk, das Knaben erlernen, ist der erwähnte manuelle Zeitvertreib. Und wenn sie den Dreh erst einmal heraushaben, werden sie kaum jemals mehr davon ablassen, bis sie Verkehr mit Frauen haben, denn Sicherheit, Heimlichkeit, Bequemlichkeit und die Kostenlosigkeit dieser Befriedigung sind äußerst starke Gründe, weshalb die jungen Männer dieser Praxis weiterhin die Stange halten.

Wenn diese *Onanisten*[47] sich wenigstens an den üblichen Takt der Natur halten würden, so wäre dieses Tun zwar widernatürlich, aber immerhin – und sofern vorsichtig gehandhabt – nicht schädlicher als eine normale Kopulation; doch statt dessen begehen sie jeden Tag *Vergewaltigungen* an ihrem eigenen Körper, und so bleibt ihnen schließlich weder die Lust noch die Manneskraft, sich an eine Frau heranzumachen[48], und ebenso können sie auch nicht mehr Hand an sich selbst legen, auch dann nicht, wenn sie den Störfall mit der versammelten Betriebsamkeit ihres Handgelenkes wettzumachen versuchen. Durch solche Maßnahmen schwächen sie ihre Genitalien und gewöhnen sie dermaßen an dieses gewaltige Reiben, daß sie auch ohne Erektion oftmals noch ejakulieren, so daß dann der Kitzel, den die Frauen diesen Teilen beim normalen Verkehr spenden, für eine Ejakulation nicht mehr ausreicht: Ergo werden die *Onanisten* in jeder Hinsicht impotent und zeugungsunfähig.

Damit nun diesen klandestinen Praktiken ein Ende gesetzt werden kann und junge Männer davon abgehalten werden können, weiterhin *grobe Hand* an sich selbst zu legen, müssen wir auf die *Öffentlichen Bordelle* zurückkommen, welche den gewünschten Effekt in keinem Fall verfehlen: Denn welcher dieser privaten Praktikanten wird wohl so viehisch sein, dieses einsame Knabenvergnügen den veritablen Umarmungen einer hübschen Frau vorzuziehen, wenn er sich das eine wie das andere mit derselben Bequemlichkeit, Sicherheit und Heimlichkeit beschaffen kann?

Gehen wir zum nächsten Punkt. Durch zu häufige und hemmungslose Befriedigung werden Männer oft geschwächt und holen sich manchmal auch noch fast unheilbare Röhrenkatarrhe[49]. Das geschieht zwar selten und eigentlich nur beim privaten Herumhuren, wenn etwa eine besonders reizvolle Mätresse einen derart gewaltigen Eindruck in der Phantasie eines Mannes hinterlassen hat, daß er sich weit über seine natürlichen Kräfte verausgabt und sich dabei eine Samenschwäche zuzieht, die meist viel schwieriger zu kurieren ist als ein heftiger Tripper. Gerade diese Gefahr aber kann einfach beseitigt werden, und zwar eben damit, daß man die *Öffentliche Prostitution* begünstigt, was, wie ich nachher detailliert beweisen werde, die Sinne der Männer zerstreuen und ihre Gedanken von privaten Tändeleien abhalten wird: Jedenfalls wird man mir wohl leichthin zugestehen, daß obige Exzesse in den *Öffentlichen Bordellen* nicht zu befürchten sind, wo ein Mann nur den allgemeinen Liebestrieb stillt, den er für das andere Geschlecht empfindet und also nicht Gefahr läuft, weiter zu gehen, als bis wohin ihn die Natur sowieso führt und wie es der momentanen Verfassung seines Körpers entspricht.

Was den dritten Grund der Impotenz betrifft, nämlich die venerischen Krankheiten, so haben wir schon oben bewiesen, daß die besagte Einrichtung von *Bordellen* das beste wie auch das sicherste Mittel dagegen ist, und so dürfen wir hier nur festhalten, wie glücklich unser Projekt gegen die verschiedenen ungesunden Folgen der Unzucht wirkt, in welchem Licht auch immer wir diese betrachten.

Damit, denke ich, ist der erste Teil meiner These recht schön bewiesen, *nämlich*: Daß die *Öffentlichen Bordelle* die Gesundheit der Männer so gut bewahren werden, daß sie einen ausreichenden Vorrat an physischem Vermögen haben und folglich auch die entsprechende Lust, die sie früher oder später dazu bringt, in den Stand der Ehe zu treten.

Des weiteren behaupte ich, daß jene Männer, die auf diese Weise ihre Konstitution bewahrt haben, alle Anforderungen und Ziele des Ehestandes erfüllen werden, und zwar besser, als wenn sie zuvor völlig keusch gelebt hätten.

WESHALB BORDELLE KEINE FEINDE DES EHESTANDES SIND

Wenn ein Mann und eine Frau sich je gegenseitig aus dem ganzen Rest der menschlichen Spezies erwählen, dann geschieht das nicht einzig zur Erhaltung der Art, ich würde sogar sagen, daß dies der letzte der Gedanken ist: Was sie hauptsächlich im Blick haben, ist, den Rest ihres Lebens glücklich miteinander zu verbringen, die sanften Umarmungen und die wechselseitigen Liebkosungen zu genießen, ihre Freude und ihr Leid, ihre Vergnügungen und ihren Kummer zu teilen, kurzum: den andern so glücklich wie möglich zu machen. Was die Kinder betrifft, so kommen sie selbstverständlich hinzu, und ebenso selbstverständlich werden sie, entsprechend den Verhältnissen ihrer Eltern, aufgezogen.

All diese Vergnügen hängen von der wechselseitigen Zuneigung dieser beiden ab, von Mann und Frau, und wann auch immer diese Zuneigung erlischt, sei es beim Mann oder bei der Frau, so ist die Ehe unglücklich und all die guten Zwecke und Ziele dieses Standes werden völlig verfehlt. Um den Frauen gerecht zu werden, so muß man ihnen die größere Fähigkeit zur Konstanz zugestehen, ihre Leidenschaften werden nicht so leicht erregt und auch nicht so plötzlich auf ein spezielles Objekt fixiert. Wenn eine Frau einmal von einer Passion ergriffen wird, so ist diese viel stärker und beständiger als bei einem Mann, und durch das Zusammensein mit der geliebten Person nimmt sie eher noch zu, als daß sie sich verminderte. Es ist nun einmal so, daß die Frauen ebensoviel Liebe empfangen, wie sie gegeben haben, und daß die Liebe, die sie geben, nicht einfach verloren ist, sondern durch die Empfängnis gleichsam nochmals Wurzeln schlägt, während diejenige, von der sich ein Mann trennt, ihn nicht weiter betrifft als in genau jenem Moment, wo er sie gegeben und gegen Freude eingetauscht hat. Ob nun dieser Unterschied aus einer andersartigen Organisation der männlichen Vorstellungskraft resultiert, die weitaus empfänglicher ist für den frischen Eindruck eines eben angetroffenen hübschen Lärvchens, oder ob die Männer ihre Köpfe viel zu sehr in weltlichen Angelegenheiten stecken haben, so daß sie die Liebe nur *en passant* wahrnehmen, um eine momentane Unruhe loszuwerden, wohingegen die Frauen aus ihr den ganzen Zweck ihres Lebens machen: Was auch immer der Grund hierfür sein mag, so ist es doch, meine ich, empirisch erwiesen, daß eine Frau, nachdem der Kuchen einmal gegessen ist, nur noch einen sehr *unsicheren Zugriff* auf die Zuneigung eines Mannes hat. Deshalb wollen wir untersuchen, wer von diesen beiden, der keusche oder der erfahrene Mann, weniger schnell zu besagtem Gefühlsschwund neigt und folglich: welcher der beiden den besseren Ehemann abgeben wird.

Der erste große Liebes-Dämpfer beim Mann nach einer Heirat ist die Ungleichheit der Verhältnisse. Wenn ein Mann einzig aus Liebe und ohne jeden Gedanken an seinen Stand und seine weltlichen Geschäfte geheiratet hat, so wird er, wenn der erste Zauber vorbei ist, nicht darum herumkommen, die Frau als Grund – und in einem gewissen Sinn sogar als Urheberin – seiner Mißgeschicke zu sehen. Das bewirkt eine offensichtliche Kühle und Gleichgültigkeit, welche über verschiedene Stufen bis hin zur offenen Abneigung gehen kann. Nun ist es genau diese Sorte von Ehen, in die zu tappen keusche Männer – wie ich oben schon bewiesen habe – ganz besonders gefährdet sind, und der einzige Weg, einen Mann von einer solchen Dummheit abzubringen und ihn dagegen resistent zu machen, ist, daß man ihm einige Erfahrung in Liebesdingen verschafft. Nochmals: Da tugendsame Männer selten wegen etwas anderem als aus schierer Brunst heiraten, haben sie sich so übertriebene und extravagante Vorstellungen von den Ekstasen gemacht, die sie im Ehebett erwarten, daß sie nachher vor Enttäuschung kräftig schockiert sind. Ein keuscher Mann ohne jede Erfahrung wird bös überrascht sein, daß solch betörende Reize nach gründlicher Erprobung nur noch einen matten Eindruck bei ihm hinterlassen; er kann kaum glauben, daß die Frau noch dieselben Reize hat, die ihn vormals in Aufregung versetzten; er denkt sich, er habe viele kleine Fehler und Unzulänglichkeiten entdeckt, und schreibt seinen wachsenden Widerwillen diesen Entdeckungen zu, ohne daß ihm jemals in den Sinn käme, daß diese Veränderung einzig und allein in ihm selbst stattfindet und nicht beim Objekt seines Begehrens, das noch immer dasselbe ist. In Wahrheit ist es so, daß bei einem liebestollen Mann, dessen Puls vor lauter Vorfreude in die Höhe geschossen ist, ein schädlicher Liebessaft die Augen zu trüben beginnt, der sie just in diesem Moment äußerst lebhaft und funkelnd erscheinen läßt: Und so wird in diesem Moment die Schönheit jedes Gesichtszuges durch die falsche Perspektive enorm vergrößert, und selbst die schuppige *Parthenope*[50] wird mindestens zur Göttin. Wenn sich aber dann diese verwirrenden Säfte durch die Entleerung abbauen, wie es bei der Ehe geschieht, werden einem Mann die Augen wieder ganz geöffnet. Und auch wenn sie noch matt, verschattet und von bläulichen Ringen gezeichnet sind, sieht er nun doch wieder viel besser als zuvor, und *Parthenope* wird ihm nun wieder als normale Sterbliche erscheinen, was sie, befreit von all dem falschen Glanz und Schimmern, in der Tat auch ist.

Ein Ehemann ohne Erfahrungen wird erstaunt sein über diesen Wandel, er wird dazu neigen, den Fehler auf die Frau abzuschieben, und meist wird er sein Herz bald einer anderen nachwerfen, die, wie er sich einredet, frei von jenen Fehlern ist. Und dann Lebewohl, glücklicher Ehestand. Der erfahrene Mann dagegen hat schon verschiedene Frauen ausprobiert; er weiß, daß sie in bestimmter Hinsicht alle gleich sind und daß auf einen Liebessturm immer eine Abkühlung folgt. Wenn er heiratet, ist er auf derartige Enttäuschungen vorbereitet und auch bereit, Fehler und Unvollkommenheiten zuzulassen, die mit der menschlichen Natur untrennbar verbunden sind. Das ist so wahr, daß die Frauen sogar die Maxime aufgestellt haben, Lebemänner gäben die besten Ehemänner ab. Frauen wittern sehr wohl, wie schwierig es ist, die Gefühle eines Mannes zu monopolisieren; früher oder später wird er seine Neugierde in diesem Punkt befriedigen wollen. Aber so nützlich und sinnvoll eine entsprechende Erfahrung vor der Heirat ist, so gefährlich ist sie nachher.

Außerdem sollte, um eine Ehe glücklich oder wenigstens erträglich zu machen, eine gewisse Übereinstimmung im Temperament, in den Säften und in den Neigungen der beiden Parteien vorhanden sein. Wenn zum Beispiel der Mann das Leben in der *Metropole* nicht ertragen, die Frau aber nicht außerhalb derselben leben kann, oder wenn der Mann schwermütig, ernst und ein Feind aller spaßigen Lustbarkeiten, seine Frau aber eine bekennende Liebhaberin von Frohsinn und Ausgelassenheit ist, werden die beiden nie zusammenkommen können; jeden Tag werden Zwistigkeiten auftreten. Nun ist es aber so, daß Differenzen im Ehestand ebenso schwer auszusöhnen sind wie diejenigen in der Religion – den Grund dafür möge man über einen vergleichbaren Fall erraten:

Nach der Aufhebung des Edikts von *Nantes* wurden etliche protestantische Adlige in *Paris* in der *Bastille* gefangengehalten, wo sie über eine längere Zeit ständig zusammenlebten. Während dieses Aufenthalts machten sie die Beobachtung, daß, wann immer der leiseste Disput oder eine Differenz zwischen ihnen aufkam, keine Schlichtung möglich war, bis nicht ihr Kreis erweitert wurde. Und zwar deswegen, wie sie berichteten: »Weil wir, obwohl wir Leidensgefährten im selben Elend waren, dennoch nie aus unserer gegenseitigen Gesellschaft herausgekommen sind. So wurden unsere Animositäten immer warmgehalten, da uns jede noch so kleine Gelegenheit fehlte, sie durch Distanz und Abwesenheit zu kühlen.« Der nämliche Fall ist in der Ehe zu beobachten. Und deshalb sollte man besonders sorgsam darauf achten, die Ehefrau möglichst nahe beim eigenen Temperament zu wählen.

Doch solche Überlegungen werden einem keuschen und unerfahrenen jungen Mann niemals in den Sinn kommen; er ist von seiner Liebe dermaßen verblendet, daß er sich einbildet, sein ganzes zukünftiges Glück beruhe auf dem Besitz eines außergewöhnlichen Figürchens oder adrett komponierter Gesichtszüge. Wird er darin enttäuscht, wie muß sein Kummer noch zunehmen, wenn er sich für sein ganzes Leben lang an eine Ehefrau gekettet sieht, deren Temperament gerade das gegenteilige vom seinigen und deren Zufriedenheit folglich mit der seinen nicht vereinbar ist? Wir können die Folgen erraten: getrennte Betten, getrennte Lebensweisen und der ganze übliche Rattenschwanz von ehelichen Zerwürfnissen. Fazit: Unter welcher Perspektive wir die Ehe auch betrachten: Immer werden wir feststellen können, daß ein erfahrener Mann einen besseren Ehemann abgibt und daß er allen Zwecken der Ehe viel mehr genügt als jener, der bis zu seinem Hochzeitstag vollkommen keusch und ahnungslos geblieben ist.

Damit haben wir zur Genüge bewiesen, daß – sofern es in der glücklichen Einrichtung *Öffentlicher Bordelle* vor sich geht – das Huren, anstatt ein Feind des Ehestandes zu sein, dessen Glück nach Möglichkeit sogar noch schützen und erhöhen wird.

WESHALB BORDELLE ZUM SCHUTZ DER WEIBLICHEN EHRE BEITRAGEN

Wir kommen nun zum letzten großen Punkt, den wir uns vorgenommen haben, *nämlich*: daß die vorgeschlagenen *Öffentlichen Bordelle* so gut wie möglich die Verführung ehrbarer Mädchen verhindern und dabei die Prostitution in möglichst engen Grenzen halten werden.

Um diese Sache zu illustrieren, müssen wir ein bißchen zurücktreten und die körperliche Verfassung von Frauen betrachten, die noch im Stand der Unschuld sind. Und wenn wir einen Blick auf jene Bollwerke geworfen haben, mit denen die Natur die Keuschheit schützt, so werden wir den Grund schnell herausfinden, weshalb diese Schutzwehren so oft überwältigt werden, und folglich werden wir in der Lage sein, etwas zu deren Verstärkung zu tun.

Jede Frau, die empfangen kann, ist mit den dafür notwendigen Teilen so ausgerüstet, daß diese im Falle einer Begattung von selbst das Nötige tun. Da nun diese Teile so sinnreich für den von der Natur vorgesehenen Gebrauch geschaffen worden sind, ist es erforderlich, daß sie sehr empfindlich sind und – beim Einführen des *männlichen Organs* – der Frau ein exquisites Glücksgefühl verschaffen, denn ohne dieses einzigartige Gefühl der Erfüllung würden die empfangenden Organe nie in der Lage sein, die Empfängnis so zu bewerkstelligen, wie sie es nun auf wundersame Weise tun, nämlich: Die ganze Vagina ist wie ein durchgehender *Sphinkter*[51], der den Penis zusammenzieht und umfängt, während die *Nymphae*[52] und die benachbarten Teile in jenem kritischen Moment ihre speziellen Sekrete absondern, sei es als Mittel, um den Durchgang zu schmieren oder um sich mit dem männlichen Ejakulat[53] zu vereinen. Dazu kommt, daß die *Tubae Falloppii*[54] sich eine geeignete Position geben, um die eindringende Flüssigkeit zu empfangen und, wie vorgesehen, zu den *Ovarien* zu befördern. Nun ist es schwerlich vorstellbar, daß so viele empfindliche Glieder, die bei diesem Anlaß so lebhaft und gekonnt zusammenwirken, sich zu allen anderen Zeiten im Zustand absolutester Ruhe befinden. Denn abgesehen davon, daß uns die Erfahrung das Gegenteil zeigt, wäre diese hübsche Einrichtung doch vollkommen nutzlos, hätte hier die Natur nicht für einen ersten Kitzel gesorgt, der überhaupt der tiefere Grund ist, weshalb die Frauen erregt werden können. Und all unsere neuesten Entdeckungen in der Anatomie[55] können keinen anderen Nutzen in der *Clitoris* sehen, als daß sie das weibliche Begehren durch ihre häufigen Erektionen anregt; Erektionen, welche ohne Zweifel ebenso erregend sind wie diejenigen des *Penis*, von welchem die Clitoris eine perfekte Kopie ist, wenn auch in Miniatur.

Kurzum, um uns von der Heftigkeit[56] des weiblichen Begehrens zu überzeugen, wenn es einmal einen gewissen Grad erreicht hat, genügt es nur schon zu beobachten, welch schreckliche Risiken Frauen im allgemeinen eingehen, nur um es stillen zu können. Schande und Armut werden schnell einmal zu einer Bagatelle, wenn sie in Konkurrenz zu dieser allesbeherrschenden Leidenschaft treten. Aber auch wenn angenommen werden muß, daß alle Frauen diesem amourösen Begehren unterworfen sind, so machen die verschiedenen Konstitutionen doch beträchtliche Unterschiede aus. So, wie bei einigen Menschen die *olfaktorischen*, *auditiven* oder *optischen* Nerven nicht so frisch und lebhaft sind wie bei anderen, so gibt es auch Frauen, bei denen die Nerven ihrer *Pudenda*[57] lebhafter und mit einer höheren Reizbarkeit ausgestattet sind als bei anderen. Ob nun dieser Unterschied von der Qualität der Nerven oder von der unterschiedlich schnellen Blutzirkulation herrührt, oder von der unterschiedlichen Menge – oder vielleicht Schärfe – jener Flüssigkeit, die durch die *Nymphae* und andere Kitzeldrüsen vom Blut getrennt wird, also: Woher auch immer diese Unterschiede rühren mögen: Wir dürfen doch die These wagen, daß eine Frau – entsprechend dem Grad dieser Reizbarkeit – eine größere oder geringere *natürliche Keuschheit*[58] hat.

Um diesem heftigen natürlichen Verlangen ein Gegengewicht zu verleihen, haben alle jungen Frauen von ihrer Kindheit an mit großer Sorgfalt strenge Begriffe von Ehre eingepflanzt erhalten. Junge Mädchen werden gelehrt, eine *Hure* zu hassen, bevor sie wissen, was das Wort bedeutet, und wenn sie erwachsen werden, finden sie ihren gesellschaftlichen Kurswert[59] gänzlich abhängig vom Ruf ihrer Keuschheit. Dieser Sinn für Ehre und Nutzen[60] ist das, was wir *künstliche Keuschheit*[61] nennen können, und es ist diese Zusammensetzung von natürlicher und künstlicher Keuschheit, von der die tatsächliche Keuschheit einer jeden Frau abhängt.

Zum Beispiel gibt es manche Frauen, die von Natur her keuscher sind, oder besser (und um es beim Namen zu nennen): die nicht so brünstig sind wie andere und die zudem äußerst strenge Ehrbegriffe haben. Solche Frauen sind beinahe nicht einzunehmen[62] und können mit Städten verglichen werden, die von Natur und durch Baukunst gleich doppelt befestigt und folglich – es sei denn durch Verrat – sicher gegen jeden plötzlichen Angriff sind. Man muß sie durch eine lange und ausdauernde Belagerung bezwingen, wozu nur wenige Männer ausreichend Geduld und Entschlossenheit aufbringen.

Andere Frauen wiederum legen ebenso Wert auf ihren Ruf und nehmen es in puncto Ehre ebenfalls sehr genau, sind aber von Natur her viel sanguinischer und liebesbedürftiger. Eine solche Frau kann nicht ganz zu Unrecht mit einer gut bewehrten Stadt verglichen werden, deren rebellische und widerspenstige *Einwohner* heftig zur Revolte und zum *Einlassen* des Feindes tendieren. Wahr ist, daß solche Frauen durch außerordentliche Vorsicht und Wachsamkeit diese Rebellionen unterdrücken können, auch kann die Ehre über längere Zeit die Lust im Zaum halten. Und doch sind sie nie vollkommen sicher; es gibt bestimmte Zeiten und Gelegenheiten, gewisse unbewachte Stunden, wo Ehre und Ruf eingelullt sind und die Liebe freies Feld hat. Abgesehen davon: Auch wenn wir Liebe und Ehre für recht ausgeglichene Kombattanten halten, müssen wir konzedieren, daß in einem *Feldgefecht*, wenn sie beide ihre Kampfeinheiten haben antreten lassen, die Ehre doch im Vorteil sein und die Neigung bezwingen wird. Hingegen besteht im Lauf eines langen *Bürgerkrie-*

ges die Chance, daß die Liebe irgendwann doch einen Sieg erringen wird, und dieser wird schließlich entscheidend sein, denn die Neigung hat leider diesen Vorteil gegenüber der Ehre, daß sie durch die Unterdrückung stärker anstatt schwächer wird, und sie wird – wie die *Kamille* – um so kräftiger, je mehr man sie verdrängen und unterdrücken will. Oder sie erhält – wie *Antaeus*[63] – von jeder Niederlage neue Kraft und steht um so frischer wieder auf, je öfter sie geschlagen worden ist. Dagegen kann die Ehre, einmal in die Flucht geschlagen, ihre Truppen nicht mehr sammeln. Mehr noch: Schon der geringste *Riß* in der weiblichen Ehre ist irreparabel, und eine *Ritze* in der Keuschheit wird – wie ein *Spalt* bei einem jungen Baum – mit jedem Tag breiter. Überdies verlangen Ehre und Nutzen eine lange Reihe solider Reflexionen, bevor sie ihre Truppen überhaupt in die Schlacht werfen können, wohingegen die Neigung ab jenem Moment unter Waffen steht, wo die Liebe ihren *Kammerton* angestimmt hat. Denn wir wissen, daß schon das leise wollüstige Streifen eines weiblichen Auges sofort die Lebensgeister eines Mannes alarmiert und sein ganzes körperliches Ensemble in einen ungeregelten Aufruhr versetzt, und zweifellos ist die weibliche Einbildungskraft mindestens ebenso wach: In diesem plötzlichen Handgemenge zwischen Liebe und Ehre kann man zehn zu eins sicher sein, daß der Feind *eindringt*, denn das *Tor* der Keuschheit steht während des Konflikts so *offen* wie der *Tempel* des *Ianus*.[64] Freilich wäre – wenn der Verlust der Keuschheit unmittelbar den Verlust der Ehre nach sich zöge – die Tugend dieser Frauen viel standhafter, als sie wirklich ist. Aber die Frauen täuschen sich in ihrer Hoffnung auf Verschwiegenheit und meinen, ein Mittel gefunden zu haben, sich Lust zu verschaffen, ohne mit dem Ruf zu bezahlen. Auf diese Weise wird die Ehre mit der Neigung versöhnt oder wenigstens neutralisiert – und die Folge ist offensichtlich.

Kurzum: Eine lüsterne Frau von Ehre mag recht vielen Attacken widerstehen und womöglich ihre Keuschheit bis zum Letzten verteidigen, aber jeden Tag läuft sie Gefahr, überrumpelt zu werden, und dann wird sie, wenn überhaupt, nur noch sehr geringen Widerstand leisten.

Eine dritte Art Frauen, das absolute Gegenteil der vorherigen, hat weder Ehre noch einen starken Trieb, will heißen: Sie teilen weder das eine noch das andere in einem vergleichbaren Grad mit dem Rest ihres Geschlechts. Diese Frauen, die ihrem Ruf geringere Aufmerksamkeit widmen als allgemein üblich, stehen in ihren Lebensumständen entweder über oder unter der Welt; und wo Wert[65] und Glück einer Frau normalerweise von ihrem Ruf abhängen, wie dies bei allen Frauen von mittleren Verhältnissen der Fall ist, so sind jene selbstverständlich Frauen von Ehre. Doch der Wert ist in der Tat untrennbar mit der weiblichen Ehre verbunden; er ist sogar deren eigentliches Fundament. Und Ehre und Wert, betrachtet als Tugendwächter, sind synonymische Begriffe. Der nackte *point d'honneur*, einmal abstrahiert vom Wert, würde sich den Frauen bei ihrem eifrigen Streben nach Vergnügen kaum jemals auch nur als kleines Hindernis in den Weg stellen. Folglich können wir in dieser Hinsicht bei einem jungen Mädchen viel mehr Vorsicht walten sehen, solange ihr Eheglück noch aussteht, als später, wenn ihre Ehre durch die Akquisition eines Ehemannes gesichert ist. Im übrigen stehen alle Ehefrauen insofern über der Welt, als sie außerhalb der Reichweite von Verdacht und Argwohn sind und sogar jenseits jedes Verdachts einer möglichen Ausschweifung. Denn da eine entdeckte Schwangerschaft sie nicht mehr gefährdet, gibt es keine andere Möglichkeit mehr, sie zu überführen, als den nackten Augenbeweis. Das scheint auch der Grund zu sein, weshalb sich unsere verheirateten Frauen recht große Freiheiten nehmen, als ob sie *Falstaffs* Meinung teilten, wenn er sagt: *Nur Augen überzeugen mich.*[66] Da nun also die weibliche Ehre und die weltlichen Interessen so nah verwandt und so eng miteinander liiert sind, müssen wir diese Gruppe Frauen in zwei Kategorien aufteilen. Erstens in diejenigen, deren Schicksal unabhängig und unbeeinflußbar vom weltlichen Urteil ist, und zweitens in diejenigen, die so weit unter der Welt stehen, daß sie entweder deren Urteil entkommen oder gar nicht in der Lage sind, dadurch verletzt zu werden. Die erste Art Frauen hat den Nachteil, daß, wie groß auch immer ihre natürliche Keuschheit ist, schon der kleinste Funke eines Begehrens das größte Feuer entfachen kann, und wenn einmal eine Frau ins reifere Alter gekommen ist, kann das bißchen Ehre, das sie errungen hat, bestenfalls und unter Schwierigkeiten bewahrt, aber in keinem Fall mehr vergrößert werden. Die zweite Kategorie ist ebenfalls in der Lage, ihre Leidenschaften wecken zu lassen, wie schwach diese von Natur auch sein mögen, aber diese Frauen haben überdies den Nachteil, daß sie durch keusches Betragen ihren Wert nicht steigern[67], aber – sofern sie nur einen letzten Funken Schönheit haben – ihn sehr wohl verlieren können. Die Tugend dieser Gruppe von Frauen scheint tatsächlich vom Grad der Schönheit abzuhängen, mit dem sie sich gerade schmücken, denn wenn sie nur genügend Reize haben, einen jungen Mann dazu zu bringen, sich einige Mühen und Spesen aufzuhalsen, so wird ihre Keuschheit nie lange die Oberhand behalten, sondern unweigerlich kapitulieren.

Die vierte und letzte Art von Frauen, die wir erwähnen wollen, sind jene, die nur einen geringen Sinn für Ehre bei einem gleichzeitig großen amourösen Appetit haben.

Die Tugend dieser Frauen ist völlig wehrlos, und sobald ein Mann dieses bißchen verängstigter Schüchternheit einmal hinweggefegt hat, das bei den ersten Liebesschrittchen junger Mädchen nur natürlich ist, kann er mit großer Zuversicht fortfahren und die Bresche zu einer praktikablen Größe erweitern. Und träfe er auch auf einen noch so geringen Widerstand, erhöhte dies doch nur den Reiz seiner Eroberung. In der Tat gibt es viele Frauen, die – so sehr sie auch längst zur Kapitulation entschlossen sind – noch eine Vorstellung von Widerstand inszenieren, so gut es ihnen möglich ist, als ob das dazu beitrüge, den Ruf des weiblichen Geschlechts, es sei mit einer Art angeborener Keuschheit gesegnet, vor der Welt aufrechtzuerhalten. Doch das ist eine Milchmädchenrechnung.

Sobald die Frauen nur einen leisen Anflug von Liebe empfinden, richten sie ihren ganzen Eifer darauf, beim Mann einen entsprechenden Grad von Leidenschaft zu schüren und zu halten, und sie sind sich sehr wohl bewußt, wie weit schon der bloße Anschein der Keuschheit sie liebenswert erscheinen läßt. Die Mühen, die sie selbst beim Zügeln ihrer Leidenschaft auf sich nehmen, werden aufgewogen durch das stille Vergnügen, das ihnen die Ungeduld ihres Liebhabers verschafft, denn darin sehen sie den Beweis sowohl für die Lauterkeit als auch für die Heftigkeit seiner Leidenschaft. Eine Frau fürchtet nicht ganz zu Unrecht, daß die Leidenschaft eines Mannes nach dem Genuß schwinden könnte, und gerne würde sie seine *Nach-Liebe*[68] mit dem großen Wert bestechen, den sie der Keuschheit noch beigemessen hatte, bevor sie ihm diese geopfert hat.

Abgesehen davon – und ohne das stille Vergnügen zu erwähnen, das eine Frau beim Kämpfen sowieso empfindet – wird ihr Widerstand in den Augen des betreffenden Mannes zu einer Rechtfertigung, ja, zum *Rettungsboot*[69] für ihre Ehre und ihr Gewissen, insofern sie sich einreden kann, sie habe nie wirklich selbst mitgetan, sondern sei gewissermaßen gezwungen worden. Das ist der einzige und natürliche Grund, weshalb die meisten Frauen sich weigern, über die Kapitulation zu *verhandeln* und statt dessen ein großes Vergnügen darin finden, *im Sturm erobert* zu werden.

Nachdem wir nun also eine kursorische Analyse der Frauen in ihren verschiedenen Klassen und entsprechend ihren unterschiedlichen Verhältnissen gemacht haben, dürfen wir – sollten wir die Wahrheit der Schmeichelei vorziehen – doch schließen, daß der weitaus größere Teil der Frauen die Tugend in recht prekären Ehren hält, und daß die Natur die weibliche Keuschheit auf ein sehr *kitzliges* Fundament gestellt hat.

Hudibras[70] hat spaßeshalber den Sitz der männlichen Ehre ins Hinterteil verlegt, wo sie vor allen frontalen Angriffen sicher ist. Aber die weibliche Ehre gleicht – trotz der scheinbaren Sicherheit ihrer Lage – dem Haus eines Schuldners, das auf der Grenze von zwei Grafschaften steht; es kann aus zwei Richtungen gerichtlich belangt werden, *von vorne & von hinten*.

Daß der Sitz der weiblichen Ehre so doppelgesichtig wie *Ianus bifrons* und folglich auf zwei Wegen einzunehmen ist, ist schon von fast allen *Schriftstellern* zum Thema gemacht worden. Dennoch darf hier bemerkt werden, daß auch *Lykurg*[71] darauf achtete, als er den *Spartanischen* Unterrock modellierte. Denn die Hitze des Klimas zwang die Frauen zu großer Offenheit in Sachen Kleidung, und so reichte – sofern wir *Plutarch*[72] bei seinem Vergleich von *Numa*[73] und *Lykurg* Glauben schenken wollen – das Kleidungsstück der *Lakonischen* Jungfrauen nur bis zum Knie und war zudem auf beiden Seiten geschlitzt, so daß beim Gehen ihre nackten Oberschenkel zu sehen waren. Dennoch hätte dieser weise *Gesetzgeber* ihnen nie erlaubt, auch nur die kleinste Öffnung auf der Vorder- oder der Hinterseite dieses Kleidungsstückes anzubringen, da er genau wußte, daß diese beiden heiligen *Zugangswege* zur weiblichen Ehre mit der größten Umsicht zu hüten sind.

Aus demselben Grund ist die aufrechte Körperhaltung

immer als die schicklichste betrachtet worden, und es ist in allen Ländern für Damen von jeher Sitte gewesen zu knicksen, anstatt sich zu verbeugen, und auch wenn die weibliche Verbeugung[74] von der gegrüßten Person als keusche und dezente Biegung des Körpers verstanden werden kann, so müßte sie doch von denjenigen, die zufällig hinten stehen könnten, als äußerst unanständige Vorführung gelten, besonders, seitdem diese gefährliche Mode des *Hintertüren-Schlitzes*[75] sich in den *europäischen* Damenrock[76] eingeschlichen hat.

Aber kehren wir zu unserem gegenwärtigen Argument zurück, dessen komplexer Aufbau dazu dienen sollte, folgenden *Syllogismus* zu beweisen:

Der einzige Weg, die weibliche Keuschheit zu bewahren, besteht darin, die Männer daran zu hindern, sie überhaupt zu belagern. Und unser Projekt *Öffentlicher Bordelle* ist der einzige Weg, Männer von der Belagerung abzuhalten. Ergo ist dieses Projekt auch der einzige Weg, die weibliche Keuschheit zu bewahren.

Der erste Teil unseres Arguments ist, so hoffe ich, ausreichend bewiesen. Aus dem Studium der weiblichen Natur – und solange man die Männer bei der Jagd nach ihrem Vergnügen so weitermachen läßt wie bisher – folgt schlüssig, daß es gar keinen anderen Weg geben kann, um die Tugend einer jeden Frau von jedem Rang und in jeder Lebenssituation zu sichern. Ist eine Frau hübsch, so hat sie um so mehr Prüfungen zu bestehen; ist sie hingegen reizlos und deswegen kaum in Gefahr, wird ihr die Seltenheit einer Attacke um so mehr imponieren. Ist sie verheiratet, so ist die Chance groß, daß sie auf häusliche Freuden, an die sie sich gewöhnt hat, auch anderswo nicht verzichten wird, speziell, wenn diese ohne Gefahr genossen werden können. Ist sie eine Jungfrau, wird ihr unerfahrenes Herz sowieso jedem Eindruck erliegen. Ist sie reich, so bringen Trägheit und Luxus ihr Blut derart lebhaft in Wallung, daß die Liebe, einmal in Gange[77], ohnehin nicht mehr zu bremsen ist. Ist sie aber arm, so wird sie noch einfacher zu kaufen sein, wenn sich Liebe und Habsucht zusammentun, um sie zu verführen.

Wir wollen zusammenfassen: Es gibt in der Liebe einen gewissen fatalen *Krisenpunkt*[78], zu dem alle Frauen gebracht werden können. Die unterschiedliche Keuschheit zeigt sich allenfalls darin, daß es etwas schwieriger ist und mehrerer unglücklicher Umstände bedarf, um eine ehrbare Frau bis zu diesem *Punkt* zu bringen. Dagegen braucht eine Frau, die ohne einen gesunden Vorrat an Tugend ist, eine fortdauernde Serie von glücklichen Zufällen, ihn zu umschiffen. Aber tugendhaft oder nicht tugendhaft: Wenn die Leidenschaft einmal den *kritischen* Punkt erreicht, so kann ihr keine Frau widerstehen.

Da nun einmal die weibliche Tugend nur dadurch wirkungsvoll geschützt werden kann, daß man die Männer davon abhält, sie zu belagern, so bleibt uns zu untersuchen, ob dieser Schutz durch eine andere Methode als durch das Errichten von *Öffentlichen Bordellen* erreicht werden kann und ob die *Öffentlichen Bordelle*, einmal errichtet, den gewünschten Effekt haben werden oder nicht.

OB DIE ÖFFENTLICHEN BORDELLE ALS WEIBLICHE TUGENDWEHREN GEEIGNET SIND

Es ist eine unhintergehbare Wahrheit, daß junge Männer bei guter Gesundheit ein viel drängenderes und gewaltigeres Begehren nach Frauen haben als nach irgendeinem anderen irdischen Vergnügen. Und es ist gleichfalls ebenso gewiß, daß junge Männer ihre Lust befriedigen werden, solange die *Gesetzgebung* ihr Treiben nicht mit einer so gravierenden Strafe belegt, daß das Ausmaß der Strafe ihrem Gemüt mehr Unbehagen verschafft als der Lustverzicht.

Nun gibt es nur drei Dinge, welche ein Mann im Leben wirklich fürchtet, nämlich Schande, Armut und körperlichen Schmerz, und folglich gibt es genau drei Möglichkeiten von Strafe, mit denen die *Gesetzgebung* operieren kann. Auf die erste sollte freilich nicht gesetzt werden, denn das Schamgefühl vermag in den Händen des Gesetzes so wenig, daß es kaum die Bezeichnung Strafe verdient. Wenn das Halseisen[79] und vergleichbare Strafen mehr wegen der Schande als wegen der körperlichen Schmerzen gefürchtet werden, so ist das nicht etwa deswegen, weil jene Körperhaltung, wo ein Mann seinen Hals durch ein Loch steckt, per se etwa unehrenhaft wäre oder per Gesetz dazu erklärt werden könnte, sondern weil der Welt auf diese Art mitgeteilt wird, daß ein Mann einer Handlung überführt worden ist, die von skandalöser Natur ist und welche öffentlich gemacht zu wissen ihn beschämt. Die Wahrheit ist, daß Ehre und Unehre nur die jeweiligen Kehrseiten menschlicher Ansichten sind, und ebenso liegt die Frage, ob eine Handlung als gut oder schlecht bezeichnet wird, auch nur im Dafürhalten und Meinen. Und diese Meinungen können, wie Dr. *Cl--ke*[80] richtig bemerkt hat, von keiner *weltlichen Macht* beeinflußt oder geändert werden, da sie vom natürlichen Erfolg oder Mißerfolg der Handlungen selbst abhängen. Und daß sie völlig außerhalb der Reichweite der *Legislatur* sind, wird vollends einsichtig bei der Frage des Duellierens, wo sich ein Mann durch einen offenen Gesetzesbruch Ehre einhandeln kann, noch mehr: wo er zur Verteidigung seiner Ehre geradezu gezwungen ist, das Gesetz zu brechen.

Deshalb besteht die größte Schmach, mit der das Gesetz eine Tat belegen kann, in der völligen und offenen Publikation der Fakten. Und dennoch liegt auf der Hand, daß auch dieses Öffentlichmachen keinen genügend starken Einfluß auf die männlichen Hitzköpfe hat, um sie vom Herumhuren abzuhalten – schon gar nicht bei einem

Verbrechen, das in den Augen der Welt einen derart günstigen Ruf genießt, daß sich die jungen Leute nicht einmal schämen, damit herumzuprahlen.

Es empfiehlt sich daher eher eine Buße oder eine Körperstrafe – oder vielleicht beides zusammen. Falls es eine Buße ist, sollte es eine der drei folgenden Varianten sein: Entweder eine bestimmte und festgelegte Summe für jeden Verstoß, oder – um gerechter zu sein – ein bestimmter Teil vom Gesamtvermögen des Sünders[81], oder dann muß es jene Summe sein, die das Gericht für ausreichend hält, um das an der Frau begangene Unrecht abzugelten. Die erste Variante ist wegen der Ungleichheit der menschlichen Vermögensverhältnisse nicht sinnvoll. Die zweite würde nur die Reichen wirklich treffen. Und die dritte würde in vielen Fällen nicht durchführbar sein, da die meisten Frauen von Lumpen ruiniert werden, die für den begangenen Schaden gar nicht aufkommen können. Aber einmal angenommen, es gäbe eine so klug aufgezogene Buße, die alle Männer in den verschiedensten Lebensumständen gleichermaßen treffen würde und ebenfalls angenommen, diese Buße sei beträchtlich hoch – denn so muß es sein, damit sie auch den Mann von mäßigem Temperament in Schach hält: Auch dann haben wir noch ein handfestes Problem, und das ist der heikle Punkt des Beweises. Denn solange der Beweis von Augenzeugen abhängt, würden sich so ja wohl nur Idioten überführen lassen. Und auch wenn man einmal annimmt, daß ein Zeuge so taktlos ist: derjenige, der hier *rem in re*[82] schwört, muß gute Augen haben und überhaupt ein kühner Schwörer sein. Im andern Fall aber, wenn ein Mann einzig aufgrund der Aussage der Frau verurteilt werden soll, riskieren wir noch größere Schwierigkeiten, ob nun die Frau für das an ihr begangene Unrecht entschädigt wird oder nicht. Falls sie nicht entschädigt wird, würde jede anständige Frau von gesundem Verstand ihren Fall viel eher verheimlichen, als ihn vor einem öffentlichen Gerichtshof zu ihrer Schande auszubreiten, abgesehen davon, daß sie damit nur einem Mann schaden würde, für den sie wohl meist noch etwas empfindet. Folglich würde nur jene Sorte von Frauen Anzeige erstatten, die das Gesetz weder zu schützen noch zu unterstützen vorsieht.

Sollte aber eine Frau die ganze oder einen Teil der Buße als Wiedergutmachung erhalten, würde diese Entschädigung – abgesehen davon, daß darin sowieso schon ein Anreiz zum Mißbrauch liegt – auch nur eine Maßnahme sein, die eine Legion von falschen Anschuldigungen hinter sich herzöge. Denn welcher Mann kann mit so viel Umsicht leben, daß eine Frau nicht öfters Gelegenheit fände, ihn mit recht glaubwürdigen Fakten eines solchen Tuns zu bezichtigen, besonders, wenn es keine Möglichkeit gibt, ihr Lügengebäude wirklich aufzudecken.[83] In der Tat läßt sich dieser Knoten nicht so einfach aufdröseln, und ähnliche Einwände lassen sich ebenso gegen jede Form von Körperstrafen einbringen, einschließlich der Todesstrafe. Denn wenn es schon so viele falsche Anzeigen wegen *Vergewaltigung* gibt zu Zeiten, wo die Frau durch die Strafverfolgung keinerlei Vorteil ergattert, wo sie so viele unangenehme Kreuzverhöre bestehen muß und der Wahrheitsgehalt der Klage so stark in Frage gestellt wird, ja, wo schließlich eine Frau normalerweise nicht als glaubwürdig erscheint, solange sie nicht eine Unmenge von möglichen und konkurrierenden Indizien beibringen kann, um sich ein bißchen Glaubwürdigkeit zu verschaffen – kurzum: Wenn es trotz dieser Erschwernisse schon so viele bösartige Anzeigen wegen *Vergewaltigung* gibt, so daß der Sinn des Gesetzes überhaupt in Frage gestellt wird, was dürfen wir dann vom diskutierten Fall erwarten, wo eine Frau nur zu bezeugen hat, daß sie sich hat überrumpeln lassen, und schon verschwinden alle Schwierigkeiten? Zudem: Sollte ein solches Gesetz verabschiedet werden – abgesehen davon, daß das Heilmittel problematischer ist als das Übel selbst –, so ist es doch überaus fraglich, ob überhaupt eine Besserung eintritt. Denn bei welcher Buße können wir sicher sein, daß sie abschreckend wirkt, wo es doch so viele Männer gibt, die gleich ein ganzes Vermögen einzig für dieses Laster verschleudern? Und welche Körperstrafe – wenn nicht die Todesstrafe – müssen wir als Äquivalent zur *Syphilis* festsetzen, welche die Männer jeden Tag riskieren?

Bis jetzt jedenfalls ist noch nie jemals ein derartiges Gesetz vorgeschlagen worden, obwohl das Herumhuren schon als offensichtliches Übel galt, als die allerersten Gesetze in Kraft traten. Deshalb müssen wir hier keine weiteren Argumente verlieren und können – die Weisheit unserer *Legislative* tief bewundernd – festhalten: Gerade daß ein solches Gesetz noch nie erlassen worden ist, weist deutlich darauf hin, daß es nicht durchsetzbar ist.

Da aber der Sturzbach der Unzucht gegenwärtig so maßlos ist, daß er nicht einmal mehr mit offener Gewalt eingedämmt werden kann, so wollen wir prüfen, ob sich nicht doch ein Notbehelf finden ließe, diese Schmutzflut durch strategische Klugheit[84] aufzuhalten. Wenn wir schon das Übel selbst nicht ausmerzen können, sollten wir wenigstens seine üblen Folgen zu mildern versuchen.

Die meisten *Autoren*, die über das Regierungswesen geschrieben haben, haben ihre Ansichten durch den Vergleich des öffentlichen Körpers[85] mit dem natürlichen Körper[86] darzustellen versucht, Herr *Hobbes* hat in seinem *Leviathan* die *Allegorie* am weitesten getrieben. Um davon für unser diskutiertes Thema Gebrauch zu machen, können wir das *Herumhuren* als eine Art von giftigem Saft im politischen Körper[87] betrachten, der – damit er ausgeschieden werden kann – von Natur her jene äußeren Glieder befällt, welche am leichtesten von Infektionen befallen werden und gleichzeitig dafür eingerichtet sind, die bösartigen Säfte abzuleiten. Wenn dieser Abfluß durch die Genehmigung von *Öffentlichen Bordellen* – einer Art von legalen Abflußröhren – erreicht werden kann, so wird die Gesundheit[88] des Volkskörpers ganz gewiß wieder hergestellt, während Gesetzesstrafen – ähnlich brutalen Adstringenzien[89] – das Übel nur wieder zurück ins Blut treiben, wo es Kräfte sammelt und das Ganze infiziert, um dann schließlich mit größter Gewalt wieder auszubrechen und auch jene Glieder in Lebensgefahr zu bringen, die im Normalfall nicht angesteckt worden wären. Dasselbe können wir auch beim *Tripper* beobachten, wo die Natur die schädlichen Säfte in eigener Regie über die nämlichen Wege austreibt, über die sie eingedrungen sind. Wenn wir uns aber den Entleerungswegen der Natur widersetzen und das Gift durch übereilte Anwendung von *Hämostatika*[90] zurückdrängen, so wird aus dem Tripper schnell einmal eine *Syphilis*, greift die lebenswichtigen Organe an, und zwar – mit den Worten *Salomos – bis der Pfeil ihm die Leber durchbohrt*[91]. Aber lassen wir die *Allegorie*, die sich sowieso besser für *Rhetorik* oder *Poesie* als für so ernsthafte Debatten eignet; schließlich ist uns das Projekt *Öffentlicher Bordelle* als letzte Hoffnung geblieben, die weibliche Keuschheit zu schützen. Denn nun lautet die Frage nur noch, ob dieses Mittel wirklich den darein gesetzten Erwartungen entsprechen wird oder nicht?

NOCHMALS: OB DIE ÖFFENTLICHEN BORDELLE ZUM SCHUTZ DER WEIBLICHEN SITTSAMKEIT TAUGEN

Um das zu bejahen, brauchen wir nur in uns selbst hineinzuschauen und unsere eigenen Leidenschaften zu untersuchen, denn die Liebe ist und wird bei allen Männern und in jedem Alter immer ähnlich verlaufen. Die ersten amourösen Gefühle junger Männer sind gewaltig; sie werden von einem Kitzel geplagt, der starkes Begehren hervorruft. Der Trieb ist heftig, aber undifferenziert; es ist Wollust und nicht Liebe. Und die natürliche Unrast des Begehrens wird die Jünglinge dazu treiben, ihre *Hitze* auf dem schnellstmöglichen Weg zu kühlen, wozu eine willige und schnell verfügbare Kurtisane geeigneter ist als das zweifelhafte und zeitraubende Projekt, ein ehrbares Mädchen zu beglücken; ein Mädchen, dessen Zurückhaltung zu überwinden so viel Anstrengungen und Zeit kosten wird, daß ein Sieg mit großer Wahrscheinlichkeit auch künftigen Ärger bescheren wird und folglich nachher fast noch mehr Unannehmlichkeiten zu erwarten sind als zuvor.

Und davon abgesehen: Wenn ihre erste Verliebtheit tatsächlich einem besonderen und außergewöhnlichen Wesen gelten sollte, was sehr selten ist, und wenn dieses spezielle Wesen sogar in ihrer Reichweite stünde, was noch seltener der Fall ist: Auch dann gibt es bei jungen Männern jene heimliche Form von Scham, welche die erste Verliebtheit begleitet und sie davon abhält, sich zu erklären, bis diese private Leidenschaft so heftig geworden ist, daß die Männer sich gezwungen sehen, sich an die Öffentlichen[92] zu wenden, womit sie eine Methode gefunden haben, sich regelmäßig zu erleichtern[93], ohne dabei selbst Hand an sich zu legen.

Aber auch wenn natürliche Bedürfnisse die jungen Männer in ihrer ersten Liebeswut zur käuflichen Liebe führen, so leidet das öffentliche Hurenwesen gegenwärtig doch unter großen Mängeln: Da es keine guten Reglemente gibt, sind die öffentlichen Huren sowohl in ihrem Charakter wie in ihrem Tun äußerst verkommen; ihre Absteigen sind schmutzig und überteuert, und die Prostituierten stehen überdies unter der Fuchtel der *Öffentlichen* Gewalt, da sie von den *Reform-Polizisten* und deren gewinnsüchtigem Diensteifer gegängelt werden. Das

Schlimmste von allem aber ist, daß die Plagen *Tripper* und *Syphilis* so unvermeidlich sind, daß sich Männer oftmals gegen ihre Neigung gezwungen sehen, mit einer bisher anständigen Frau anzubändeln[94]; entweder ohne es erst bei den öffentlichen Huren versucht zu haben, oder nachdem sie dort beim ersten Versuch Pech gehabt haben.

Da wir nun aber täglich so viele junge Männer sehen, die trotz dieser Nachteile dennoch zu den öffentlichen Prostituierten gehen, welchen Erfolg können wir dann nicht erst von der glücklichen Errichtung der *Bordelle* erwarten: wo sich die jungen Frauen anständig betragen, wo die Örtlichkeiten der Entspannung gepflegt sind, wo die Preise in einem vernünftigen Verhältnis zu den Dienstleistungen stehen und wo das große Grauen vor dem *Tripper* endlich gebannt ist und schließlich: wo die Gesetze diese Einrichtungen nicht mehr behindern, sondern zu ihrem Schutz und ihrem besseren Funktionieren da sind? Hier dürfen wir doch sicher auf eine gründliche Besserung hoffen.

Und sollten sich diese Überlegungen auch nicht völlig bewahrheiten und einige Männer noch immer so widerborstig sein, daß sie trotz aller gegenteiligen Maßnahmen weiterhin privat herumhuren, so müssen wir zur Macht des *Gesetzes* greifen und jene, die zu störrisch sind, zwingen, sich führen zu lassen. Denn auch wenn die Gesetze das Huren nicht verhindern können, so können sie es doch immerhin regulieren; das *Was* ist nicht in ihrer Macht, das *Wie* aber sehr wohl. Der Mensch muß essen, aber man kann ihn lehren, wie man ißt. Auch die schärfste Trense kann ein durchgehendes Pferd nicht bremsen, aber schon von der schwächsten wird es sich lenken lassen. Und das kleinste Rinnsal kann nicht aufgehalten werden, obwohl wir den Lauf des größten Flusses umleiten können. So ist es auch bei der Liebe: Obwohl im allgemeinen so unbezähmbar und halsstarrig, wechselt sie doch das jeweilige Objekt ihrer Leidenschaft bei der geringsten Gelegenheit. Und so sind Bußen keine unbedeutenden Argumente, solange die Gesetze nicht Unmögliches verlangen.

Im Grunde genommen ist dieses letzte Argument über die Zwangsmaßnahmen in gewisser Hinsicht überflüssig und sozusagen *ex abundantia*[95] in die Debatte geworfen. Denn die *Öffentlichen Bordelle* werden bei der vorgeschlagenen Bewirtschaftung genau dieselben Vorzüge offerieren wie bislang die privaten Huren, und zwar sowohl, was die bequeme und unkomplizierte Erleichterung als auch was Schönheit und Auswahl der Frauen betrifft, so daß die Männer durch ihre natürlichen Bedürfnisse automatisch dahin getrieben werden, ohne daß sich die Gesetze hier einmischen müssen. Wenn es denn beim Erfolg dieses Planes überhaupt einen Widerhaken gäbe, so läge er genau auf der Gegenseite: Tatsächlich könnte man eine gewisse Vorahnung haben, daß – sofern plötzlich der ganze Moloch der Unzucht in der Öffentlichkeit auftauchen würde – nicht genügend junge Frauen zur Füllung der *Bordelle* zu finden sind, was dem Ruf der Bordelle abträglich wäre und ihnen einen schwer zu reparierenden Schaden zufügte. Aber wie plausibel dieser Einwurf im ersten Moment auch aussehen mag, bei näherem Betrachten werden wir sehen, daß auch dieses Bedenken wie von selbst verschwindet und die Vortrefflichkeit unseres Projekts nur noch deutlicher aufzeigt.

Da es in unserer Nation immer eine konstante Anzahl von jungen Männern gibt, deren Brunst zu groß ist, um an irgendeine Kandare gelegt zu werden, so ist es unsere Aufgabe, eine Methode zu finden, wie sie mit möglichst geringem Verschleiß von weiblicher Tugend befriedigt werden können. Die Schwierigkeit dabei liegt just beim richtigen Austarieren, nämlich die Triebe unserer jungen Männer so präzise in den Griff zu bekommen, daß dabei keine einzige Frau mehr geopfert wird als absolut nötig ist, um die restlichen zu schützen.

Freilich sind die Galans unserer Zeit weit weniger ausdauernd als etwa jener zügellose *Römische* Kaiser, der gleich zehn *Sarmatische* Jungfrauen[96] in einer Nacht deflorierte; aber was uns in puncto körperlicher Konstitution fehlt, machen wir mit der Feinheit unseres Gaumens wett, schließlich braucht gerade ein heikler Magen die größte Varietät. Und einige unserer Jungen sind in Liebesangelegenheiten zu solch perfekten *Epikureern* geworden, daß ihnen nur noch *Jungfrauen* schmecken. Wirklich, sie zerstören eine Schöne nach der andern, da sie nur auf unberührten Knospen weiden.

Dennoch sollten wir die Kunst dieser Männer nicht danach beurteilen, wie viele Frauen sie ruiniert haben, sowenig man den Appetit eines gewissen merkwürdigen Gentlemans nach den Dutzenden der von ihm bestellten Jungtauben beurteilen wollte, von denen er schließlich doch nur den Bürzel verzehrt. Und ebensowenig muß es immer eine verluderte Phantasie oder ein verwöhnter Geschmack sein, wenn Männer derart herumfuhrwerken; meistens nämlich geschieht es aus Rücksicht auf die persönliche Sicherheit. Bei ihren ersten Liebeshändeln nämlich sind junge Mädchen so leichtfertig, gedankenlos und ohne jede Erfahrung – und haben dabei soviel Spaß an diesem Sport –, daß sie über kurz oder lang angesteckt werden; ergo wäre ein Mann auch dann nicht sicher, wenn er treu und konstant ist. Mehr noch: Manche Männer haben sogar Angst, mit jungen Frauen in Kontakt zu kommen. Auf diese Art würden etliche geeignete Frauen, die der Öffentlichkeit einen beachtlichen Dienst erweisen könnten, in kürzester Zeit geradezu nutzlos werden. Und auch bei einem zurückhaltenden Kalkül würden wir in einem Jahr etwa so viele intakte Jungfrauen verbrauchen, wie sie die Nation sonst in sechs Jahren aufbraucht.

Nun aber werden die *Öffentlichen Bordelle* diese Angelegenheit so perfekt und mit so penibler Genauigkeit regulieren, daß in einem oder zwei Jahren keine einzige Frau mehr – aber auch keine weniger – als nötig mit dieser öffentlichen Dienstleistung beschäftigt sein wird.

Sobald das Projekt einmal auf die Füße gestellt ist, wird die große Varietät und die gegenwärtig vorhandene Auswahl an geeigneten Frauen uns Gelegenheit geben, eine sehr hübsche Kollektion zusammenzustellen, so daß zweifelsohne für eine bestimmte Zeit ein gewaltiges Rennen nach diesem öffentlichen *Service* bestehen wird und die *Private Hurerei*, bislang einzige Schule unserer Kurtisanen, möglicherweise zu lange vernachlässigt werden wird. Denn wenn der ganze Körper unserer inkontinenten Jugend – wie eine stehende Armee – unter ständigem Feuer gehalten wird, so wird uns kaum jemand bleiben, um für den nötigen Nachschub zu sorgen.

Aber wie wahr dies auch sein mag, es wird uns daraus doch kein Nachteil erwachsen, denn der Nachschub an jungen Frauen, den wir mit guten Gründen aus den nördlichen und westlichen Teilen unserer Königreiche erwarten dürfen – sogar aus Gegenden, die noch viel weiter weg liegen und aus meinem *Plan* herausfallen: Ich meine, wenn diese Vorräte dennoch nicht genügen würden, um die große Nachfrage zu stillen und deswegen etwa der Ruf der *Bordelle* sinken könnte, wäre auch dann das äußerste, was geschehen könnte, ein gradueller Rückfall in unsere heutigen Verhältnisse *Privater Hurerei*, aber auch das nur so lange, bis die *Bordelle* wieder gut rekrutiert und ihr vormaliger Standard wieder hergestellt wäre. Denn jede Frau, die über das Nötige hinaus verführt wird, bringt den *Bordellen* erst recht Kredit und Glaubwürdigkeit, insofern der Verlust ihrer Tugend ein Mittel ist, die Keuschheit anderer Frauen zu bewahren. Und sollte einmal der Wellenkamm privater Geilheit überborden und die üblichen Grenzen zu übersteigen drohen, so wird sich schnell wieder eine Ebbe einstellen, da die *Öffentlichen Bordelle* diese Flutwelle aufnehmen. Oder anders: Alles wird sich langsam wieder auf ein so tiefes Niveau einpendeln, daß nicht mehr als jene Anzahl Huren übrigbleiben wird, die es von Natur her braucht, um die *Bordelle* in ihrem Funktionieren zu erhalten.

Nun wäre es eigentlich an der Zeit, daß ich mich mit üppigstem Selbstlob damit brüstete, welch unglaubliche Vorteile der ganzen *Nation* aus meinem Projekt erwachsen. Aber ich will nur ganz bescheiden auf eine besondere Qualität hinweisen, die es vor anderen Systemen auszeichnet: es reguliert sich nämlich von selbst.[97]

Da sich aber die Notwendigkeit, eine bestimmte Anzahl junger Frauen zu opfern, einzig aus der Notwendigkeit herleitet, die *Öffentlichen Bordelle* zu füllen, so könnte sehr wohl die Frage aufkommen, ob man dieses Projekt nicht stark verbessern könnte, und zwar bis hin zur völligen Ausrottung des *Privaten Hurens*, indem man nämlich ein Dekret erläßt, das den *Import von ausländischen Frauen* begünstigt. Dieser Vorschlag verdient, ich muß es gestehen, in der Tat eine seriöse Diskussion, denn er könnte – abgesehen von der Ehre unserer Frauen, die sich durch solch einen Erlaß schonen ließe – noch folgenden weiteren Vorteil bringen: Anstatt daß die Mehrzahl unserer vornehmen Jünglinge einen großen Teil ihrer Zeit und ihres Vermögens zum Reisen einsetzen, und zwar – wie es scheint – meist zu keinem anderen Zweck, als die *französischen & italienischen Galanterien* am eigenen Leibe kennenzulernen, hätten sie nun die Möglichkeit, ihre Wißbegier für fremde Liebessitten zu stillen, ohne erst aus *London* auszuschwärmen. Doch ich möchte die Entscheidung in dieser Angelegenheit kundigeren Federn als der meinigen überlassen, allein schon, weil ich natürlich weiß, daß eine derartige Ansicht viel zu sehr im Ruf einer kühnen *Novität* steht und folglich einer größeren Autorität als der meinigen bedarf, um akzeptiert zu werden.

Ich will es im Moment dabei bewenden lassen, daß ich in jeder Hinsicht bewiesen habe, was ich in dieser kleinen Untersuchung zu beweisen vorhatte, nämlich: daß die *Öffentliche Prostitution* für sich gesehen weder so kriminell noch für die *Gesellschaft* so nachteilig ist wie das *Private Herumhuren*, und weiter: daß die Förderung der *Öffentlichen Prostitution* durch den Bau von Bordellen nicht nur den meisten schädlichen Konsequenzen dieses Lasters zuvorkommt, sondern überhaupt das Herumhuren generell vermindert und es auf das kleinstmögliche Ausmaß zurückdrängt.[98]

OB ES BEI LICHT BESEHEN ÜBERHAUPT MORALISCHE ODER RELIGIÖSE VORBEHALTE GEGEN ÖFFENTLICHE BORDELLE GEBEN KANN

Nach all dem, was schon gesagt worden ist, mutet es vielleicht ein bißchen sonderbar an, jetzt noch von religiösen Einwänden zu sprechen, zumal weder das Christentum noch die Moral wirklich gegen einen Plan ins Feld ziehen können, der einzig und allein dem Seelenheil der ganzen Menschheit dienlich sein will. Nachdem aber nicht wenige unserer Zeitgenossen sich einer so wunderlichen Ansicht von der Religion befleißigen, da sie sich einbilden, ein Gesetz sei unrecht und gottlos, obwohl es ganz eindeutig dem *Gemeinwohl*[99] dient – als ob man in diesem Leben keine Freude haben könne, die nicht gleich vom Glück im nächsten abgezogen würde – und überhaupt: Da sich so viele an sich vernünftige Männer von diesem irrigen Prinzip haben kujonieren lassen, werde ich nun, und zwar so kurz wie möglich, diesen Einwänden mit derselben Färbung von Vernunft begegnen, in der sie selbst daherkommen.

Erstens einmal habe ich natürlich damit gerechnet, mit dem bekannten und staubigen moralischen Prinzip angefahren zu werden, wonach *aus einem Schlechten kein Gutes kommt.* Dem will ich gleich mit einem anderen alten Sprichwort *Konterpart* bieten, und zwar mit einem, das ebenso authentisch, hier aber weitaus besser angebracht ist, nämlich, *daß wir von zwei Übeln immer das geringere wählen sollen.* Man bedenke etwa folgenden Fall: Ein einzelnes Mitglied der Gesellschaft kann sehr wohl ein Verbrechen nur aus der Absicht heraus begehen, dem Wohl ebendieser Gesellschaft zu dienen – was übrigens beim Fall *Felton* gegen den *Herzog von Buckingham*[100] teilweise zutraf –, und auch wenn diese strafwürdige Handlung einer guten Absicht entsprang, wurde sie dennoch allgemein als ungerechtfertigte Anmaßung verurteilt, und zwar zu Recht und mit dem Argument, daß man kein sicheres Übel wegen der Aussicht auf ein ungewisses Gut riskieren dürfe. Was nun aber den *Gesetzgeber* betrifft, so ist hier doch ein großer Unterschied anzumerken. Denn dem Gesetzgeber – und nur ihm – ist das Wohlergehen der *Gesellschaft* anvertraut: Es ist dieses *Öffentliche Wohl*, welches Aufgabe und Ziel all seines Tuns ist – oder zumindest sein sollte –, und es liegt in der Macht des Gesetzgebers, all das zu tun, was seiner Ansicht nach zu diesem Ziel führt. Wenn seine Absicht untadelhaft ist, sind seine Maßnahmen legitim und frei von Gewissensklauseln. Doch vor der Welt werden seine Handlungen – also seine Gesetze – als gut oder schlecht beurteilt, als gerecht oder ungerecht, je nachdem, ob man sie im Moment gerade allgemein als nützlich oder schädlich für die *Gesellschaft* einschätzt. Und gerade deswegen ist es die gröbste Absurdität und überdies ein perfekter Widerspruch in sich, wenn man behauptet, eine Regierung dürfe mit Blick auf das Gesamtwohl nicht ein wohlkalkuliertes Übel eingehen. Denn wenn ein öffentliches Gesetz in all seinen Konsequenzen tatsächlich eine größere Quantität an Wohl bewirkt, so soll und muß es ein gutes Gesetz genannt werden, auch wenn der ihm zugrunde liegende Akt, für sich selbst und ohne seine erfreuliche Wirkung betrachtet, im höchsten Grade schlecht und ungerecht sein sollte.

Nehmen wir ein Beispiel: Ein Schiff, das in Quarantäne liegt und von dem man weiß, daß es infiziert ist, wird von einem Sturm versenkt. Einige der Besatzungsmitglieder erreichen, halb ertrunken, das rettende Ufer. Doch just in dem Moment, wo sie Fuß fassen wollen, werden sie auf Befehl der *Regierung* erschlagen. Dieses Vorgehen ist nicht weniger als glatter, unchristlicher und inhumaner Mord. Aber da Gesundheit und Sicherheit der Nation von dieser strikten Vorsichtsmaßnahme abhängen, ist es kein Wunder, daß wir diese Handlung nicht nur als rechtfertigbar betrachten, sondern in strengem moralischen Sinne sogar als gerecht.

Ein anderer Einwand – oder eigentlich der nämliche, wenn auch in einem strengeren Licht – lautet, daß, auch wenn Wohlergehen und Glück der Gemeinschaft einziges Ziel und Bestreben jedes Gesetzes und jeder Regierung sind (oder sein sollten), letztlich das geistliche Wohl das *summum bonum* einer jeden Christengemeinschaft sein sollte, und also dürfe eine christliche Regierung nicht einmal das kleinste Begehen einer noch so läßlichen Sünde tolerieren, und sei es für den größtmöglichen momentanen Nutzen.

Auf diesen Einwand antworte ich, daß es ja im allgemeinen als Ausweis der Vollkommenheit der christlichen Religion erachtet wird, daß ihre Vorschriften daraufhin angelegt sind, das Glück der Menschheit sowohl in dieser als auch in der nächsten Welt zu befördern. Wenn dem so ist, dann wäre es eine direkte Anklage gegen die allmächtige Weisheit des Schöpfers und überdies ein Widerspruch in sich, wenn man annimmt, in Angelegenheiten von Gesetz und Regierung könnte das öffentliche Übertreten einer Vorschrift des Evangeliums überhaupt jemals zum Wohl welcher Gesellschaft auch immer beitragen: Ergo dürfen wir vertrauensvoll folgern, daß kein kriminelles Gesetz nützlich und *vice versa* auch kein nützliches kriminell sein kann. Und nachdem wir ja nun längst genügend Beweise für die Vorteile geliefert haben, die der Gesellschaft aus den Bordell-Lizenzen erwachsen würden, dürfen wir nun folgern, daß diese Lizenzen demnach auch rechtmäßig sind. Aber damit nicht die offensichtliche Lasterhaftigkeit der *Bordelle* gegen unsere generellen Vernunfterwägungen aufgefahren wird, so müssen wir auch diese Sache noch etwas näher inspizieren.

Die *Hurerei* ist zweifelsfrei ein direkter Verstoß gegen die Vorschriften des *Evangeliums* und deshalb eine Sünde. Aber als solche geht sie die *Regierung* kaum mehr an als der Verzehr von *Blutwürsten*[101], was in der nämlichen Schrift[102] ebenfalls verboten ist. Der Grund davon ist folgender: Die Sünde entsteht durch die willentliche Absicht, ein lüsternes Begehren zu befriedigen, durch eine Absicht also, die der *Gesetzgeber* wohl nicht verhindern kann. Es mag sein, daß Strafen die Männer davon abhalten, ihren Lüsten zu frönen, aber letztlich zum Schaden der Öffentlichkeit, denn die allgemeine Brunst wird dadurch viel eher angestachelt als besänftigt. Wenn nun aber argumentiert wird, daß die Sünde der bösen Absicht durch das Tun noch gravierender wird, um so besser für unsere Sache, denn die Argumentation lautet in diesem Falle:

Da die Sünde der bösen Absicht völlig außerhalb der Reichweite *legislativer Gewalt* liegt, ist das äußerste, was diese in Betracht der diskutierten Sünde tun kann, zu verhindern, daß die Sünde nicht noch durch den Akt des Tuns vergrößert wird.

Die *Öffentlichen Bordelle* werden – wie zur Genüge gezeigt –, diesen Vollzug so stark wie überhaupt möglich reduzieren.

Ergo werden die *Öffentlichen Bordelle* die SÜNDE so gut wie überhaupt möglich verhindern.

OB ÖFFENTLICHE BORDELLE ZUR UNZUCHT ERMUNTERN

Ein weiterer Nebenast des vorigen Einwandes – ohne den der ganze Einwand keine Kraft hätte – lautet, daß die Zulassung von *Öffentlichen Bordellen* überhaupt einer öffentlichen Ermunterung der Bevölkerung zur Unzucht gleichkomme.

Wenn damit jenes *Völkchen* gemeint ist, das sich in den *Bordellen* befindet, so hoffe ich doch, man betrachte es nicht als Verbrechen, daß diejenigen, die bis jetzt Tausenden von Lastern nachgegangen sind, nur noch zu einem einzigen ermuntert werden – insbesondere dann nicht, wenn dieses eine Laster sowieso dasjenige ist, dem sie frönen würden, ob man sie nun ermuntert oder nicht.

Sollte aber jemand argwöhnen, diese Spezialmaßnahme führe zu einer generellen Verwahrlosung der ganzen *Nation*, so ist er völlig auf dem Holzweg. Denn was die Männer betrifft, so sind sie sowieso schon so liederlich wie überhaupt möglich, und wenn es etwas gäbe, das sie kurieren könnte, dann wäre es einzig der *Überdruß*. Sollen sie doch völligen und freien Zugang zu einer Überdosis an außerehelichen Affären haben! Dann werden sie schnell wieder lernen, die keuschen Zärtlichkeiten der Unschuld den gekauften Verlustierungen bei einer grinsenden Dirne vorzuziehen, deren mechanische Abfertigungen so lieblos wie zufällig sind.

Es ist eine richtige Beobachtung, daß Enthaltsamkeit

den männlichen Trieb – anstatt ihn zu besänftigen – nur noch schärfer macht. – *Exsuperat magis, aegrescitque medendo*[103], heißt es in Vergils *Aeneis*. Und ein jüngerer Schriftsteller von einigem Witz, der das menschliche Geschlecht ebenfalls unter die Lupe genommen hat, hat zum nämlichen Thema folgendes zu sagen: »Die *Öffentlichen Bordelle* abzuschaffen heißt nicht nur, die Unzucht in alle Winkel zu verbreiten, sondern bedeutet überhaupt, daß ein Volk durch die Komplikationen, mit denen das Laster nun zu schaffen hat, erst recht wild und lüstern gemacht wird.«[104]

Man hat im alten *Rom* beobachtet, daß es während der Zeit, als die Scheidung erlaubt war, über fünfzig Jahre lang zu keiner einzigen gekommen war und daß *Cato* erst wieder Sehnsucht nach seiner Frau verspürte, als sie schon in den Armen eines andern lag.

Der Meister in allen Liebesdingen[105] sagt klipp und klar: *Quod licet ingratum est, quod non licet acrius urit.*[106] Und *Martial* sagt zu einem verheirateten Unhold, *Liber III, Ep. 68*: *Cur aliena placet tibi, quae tua placet uxor? Nunquid securus non potes arrigere?* – Ich bitte dich, sag mir, weshalb ein Eheweib deine Liebesgelüste niemals wärmt? Wie! Ohne Lebensgefahr steht dein Meisterstück nicht unter Waffen?[107]

Und nochmals, *Liber I, Ep. 74*:[108]

Nullus in urbe fuit tota, qui tangere vellet
Uxorem gratis, Caeciliane, tuam
Dum licuit: sed nunc, positis custodibus, ingens
Turba fututorum est. Ingeniosus homo es. –

In der ganzen Stadt, *Caecilian*, fand sich kein Mann, der sich *gratis* mit deiner Frau vergnügt hätte. Aber jetzt, wo du sie mit soviel künstlicher Eifersucht bewachen läßt: Gott! Was für ein Zulauf!

Seitdem du sie eingeschlossen hast, ist ihr Wert gestiegen: Was bist du doch für ein schlauer Kerl![109]

Die *Öffentlichen Bordelle* werden die Männer gewiß nicht zum Laster verführen, sondern sie werden sie dazu ermuntern, ihren Trieben an einem dafür geeigneten Ort zu frönen, ohne den Frieden der *Gesellschaft* zu stören und mit möglichst wenig Schaden für die Männer selbst. Und auch was die Frauen betrifft, gibt es nicht den leisesten Anflug einer Ermunterung zur Unzucht: Noch nie hat ein ehrbares Mädchen seine Jungfräulichkeit einzig für die trostlose Aussicht aufgegeben, eine *öffentliche Hure* zu werden. Und für jene erfahrenen Frauen, die sich gerne einmal vergessen, liegt in der Bewilligung *Öffentlicher Bordelle* sowenig ein zusätzlicher Anreiz zum Laster, wie die *Sonntagsbewilligung* für eine bestimmte Anzahl Pferdedroschken die anderen dazu ermuntert, sich ebenfalls auf die Straßen zu stellen, wo doch gerade diese Sonderbewilligung ausdrücklich ein Verbot für die restlichen impliziert.[110]

KURZE ERINNERUNG DARAN, DASS ES AUCH IN ENGLAND SCHON STAATLICH TOLERIERTE BORDELLE GEGEBEN HAT

Nachdem ich nun ausreichend nachgewiesen habe, daß die *Öffentlichen Bordelle* nur von politischem Nutzen sein werden, und nachdem ich ebenfalls alle religiösen Einwände entkräftet habe, möchte ich mit der Feststellung schließen, daß das Beispiel *Italiens*, der wohl klügsten politischen Nation der Welt, den ersten Teil meiner Beweisführung stützt. Und den zweiten Teil meiner Argumentation kann man bewiesen sehen in *Holland,* wo eine sehr strenge Reformierte Kirche herrscht.[111] Im übrigen haben wir Engländer selbst von den Vorteilen dieser Institution profitiert, jedenfalls so lange, bis uns die moralischen Zwängereien einiger übereilter Reformer im sechzehnten Jahrhundert davon befreiten.

Damals nämlich befanden sich die *Öffentlichen Bordelle* in *Southwark*, und zwar – wenn nicht mit einer ausdrücklichen Bewilligung von der Regierung – zumindest mit einer offenen Erlaubnis. Dennoch haben wir Anlaß, das erste anzunehmen, denn die Bordelle bezahlten sowohl dem *Bürgermeister* der Stadt als auch dem Bischof von London reguläre Steuern.

Soweit wir sehen, sind diese Bordelle bis zum fünfundzwanzigsten Regierungsjahr Edwards des Dritten[112] nicht belästigt worden, dann aber ist im Parlament von *Westminster* – jedenfalls berichtet das Daniel[113] – auf Ersuchen der Londoner ein Gesetzesakt verabschiedet worden, der alle öffentlichen Huren verpflichtete, sich als solche kenntlich zu machen, indem sie Hauben mit spezieller Farbe und Verbrämung und zudem ihre Röcke umgekehrt – die Innenseite nach außen – zu tragen hatten.

Das allerdings war nur eine Kleinigkeit im Vergleich zu dem, was sie dreißig Jahre später durch die Rebellion von *Wat Tyler*[114] erdulden mußten: Im fünften Regierungsjahr *Richards* des Zweiten[115] machte sich Wat von *Dartmouth* her auf, getrieben von einem wahren Rebellengeist und fest entschlossen, alles niederzubrennen und zu zerstören, was sich ihm in den Weg stellte. Und nachdem ihm der Palast des Erzbischofs in *Lambeth*[116] nicht entgangen war, hatten auch die Bordelle nicht viel Schonung zu erwarten, abgesehen davon, daß die Prostitution nicht gerade der kleinste Dorn in Wats Auge war. Er begann seinen Feldzug mit dem Mord an einem Steuervogt, der beim Eintreiben der Kopfsteuer ein bißchen zu forsch mit seiner Tochter umgegangen war, und sein Widerwillen gegen die Betreiber der *Bordelle* wurde noch größer, als der Bürgermeister die Londoner Stadttore schließen ließ und ihm so den Zutritt verwehrte. Durch diesen Affront aufs Äußerste gereizt, rächte er sich dadurch, daß er die erklecklichen Bordell-Steuereinkünfte des Bürgermeisters kappte.

Kurzum: Alles lief auf die Zerstörung der *Bordelle* hinaus, und also wurden sie zerstört. Allerdings verlor *Tyler* bei dieser Aktion sein Leben, denn *William Walworth*, der damals amtierende Bürgermeister, hat ihn bei *Smithfield* vom Pferd gestochen. Der König erhob diesen darauf in den Adelsstand, setzte ihm eine Pension von hundert Pfund aus und fügte das Schwert ins Stadtwappen ein.[117]

Das Hurenwesen war nun wieder völlig ungeordnet, und dies hielt der amtierende Londoner *Bischof* für eine glänzende Gelegenheit, sein Einkommen durch speziell von ihm protegierte Kurtisanen kräftig aufzubessern. Doch brachte das den Betroffenen nur noch mehr Ärger, denn *John Northampton*, Nachfolger von Bürgermeister *Walworth*, begann nun – sei es, daß er sich durch des Bischofs Vorgehen in seiner Machtbefugnis verletzt sah, sei es, daß er als Anhänger von *Wickliff*[118] für durchgreifende Maßnahmen eintrat –, die Prostituierten brutal zu verfolgen. In jeder Straße postierte er seine Spitzel und Wachtmeister, damit sie die Herumstreunerinnen aufgriffen. Und jene bedauernswerten Mädchen, die weder hübsch noch reich genug waren, seine Offiziere zu bestechen, wurden in großem Pomp, mit kahlrasiertem Schädel und unter Pfeifen und Trommeln, durch die Straßen geschleift. All dies tat *Northampton* gegen den ausdrücklichen Befehl des Bischofs, der mit ihm deswegen einige Zänkereien hatte.

Dieser große Reformer *John Northampton* wurde wegen seines aufbrausenden Temperaments mit dem Spitznamen *Stadt-Quäler*[119] belegt, und genau so, wie er *Tyler* in dessen Reformwerk folgte, folgte er ihm auch mit einem ähnlich üblen Schicksal: Zwei Jahre später nämlich wurde er des Hochverrats schuldig gesprochen, ohne daß er auch nur die kleinste Chance zur Verteidigung erhielt; seine Güter wurden konfisziert und er selbst wurde zu lebenslänglicher Haft einige hundert Meilen außerhalb

Londons verurteilt, und zwar auf die Feste *Tintagel* in *Cornwall*.

Nachdem dieser schreckliche *Stadt-Quäler* entfernt worden war, nutzten die *Bordelle* die entstandene Atempause dazu, sich unter dem Schutz der Kirche zu reorganisieren, worauf sie sich über fast einhundertfünfzig Jahre einer nahezu ungestörten Ruhe erfreuen konnten. Hingegen finden wir im elften Regierungsjahr *Heinrichs* des Sechsten[120] ein in *Westminster* verabschiedetes Gesetz, wonach kein Besitzer eines *Bordells* oder eines *Huren-Hauses* in *Southwark* jemals Mitglied in einem Geschworenengericht werden oder eine Kneipe in irgendeinem anderen Viertel eröffnen durfte.

Der empfindlichste Schlag allerdings, den die *Bordelle* jemals erlitten, ist ihnen durch die Invasion der *Franzosenpest*[121] zugefügt worden. Die *Spanier* hatten sie von den Inseln von *Florida* nach *Neapel* gebracht, und die Armee *Karls* des Achten, die dieses Königreich 1495 eroberte, schleppte sie von da nach *Frankreich*, von wo sie nur noch einen kurzen Weg nach *England* zurückzulegen hatte. Im übrigen findet sich zu Ende der Regierungszeit *Heinrichs* des Siebten[122] ein Gesetz, nach welchem alle Frauen sofort aus dem Bordell zu entfernen waren, die Männer angesteckt hatten.

Das änderte aber nichts daran, daß sich die *Bordelle* unter der Regierung *Heinrichs* des Achten[123] eines guten Rufs erfreuten und daneben dem *Bischof* von *London* ein beachtliches Sümmchen einbrachten – jedenfalls erachtet es *Bucer*[124] in einem seiner Bücher gegen *Gardiner*[125] als abscheuliches Verbrechen, daß dieser fast sämtliche seiner Einkünfte aus den *Öffentlichen Bordellen* bezog.

Nach diesen gewaltigen Anschuldigungen läßt sich leicht erraten, welcher Wind für die *Öffentlichen Bordelle* unter den Reformatoren wehte: *Bucer* hat sein Ziel erreicht, die *Bordelle* sind zerstört, das öffentliche Ärgernis ist aus der Welt geschafft, die Hurerei wird von allen Seiten und ohne Rücksicht angegriffen.

Und heute? Wirklich? Mit unserem Reformeifer in Sachen Sittlichkeit sollen wir es tatsächlich so weit gebracht haben, daß sich im ganzen Reich kein Junggeselle findet, der jemals ein anständiges Mädchen verführen würde, und kein ehrbares Mädchen, das sich erst dann mit einem Mann einläßt, nachdem er ihr die Ehe versprochen hat? Daß ich nicht lache. Wahr ist nur, daß wir in ebendiesem Moment, wo ich das zu Papier bringe, so verdorben sind wie man überhaupt nur verdorben sein kann. Und ich hoffe, ich habe deutlich genug gezeigt, *wie* wir uns bessern können.

FINIS

Anmerkungen zu Seite 13–90

Zum Titelblatt (S. 13): *Nimirum propter continentiam incontinentia necessaria est, incendium ut ignibus extingitur:* »Die Unkeuschheit ist der Keuschheit wegen nötig, und eine Brunst muß durch Feuer gelöscht werden.« Das Zitat stammt nicht von Seneca – wie Mandeville fälschlicherweise einrücken läßt –, sondern von Tertullian. Montaigne zitiert es im fünften Hauptstück des dritten Buches der *Essais* (wie übrigens auch das zweite Motto), allerdings ohne Angabe eines Verfassers. Daß gerade ein aus dem Zusammenhang gerissenes Zitat des Kirchenvaters Tertullian bei Montaigne wie auch bei Mandeville als Plädoyer für erotische Freiheiten verwendet wird, ist freilich ein ironischer Fingerzeig auf die Lizenzen, die den Leser noch erwarten. – *Omne adeo genus ...:* »So stürzt sich hienieden alle Kreatur, die Menschen, die reißenden Tiere, das Volk der Gewässer, die Herden, die Züge buntfarbiger Vögel, in diese Tollheit und Brunst.« Vergil, *Georgica* III, 242–244.

1 Mandeville richtet sich ausdrücklich – und mit spitz kalkuliertem Sarkasmus – an die *Gentlemen of the Societies for Reformation of Manners*. Gemeint sind die Vertreter jener tugendhaften Gesellschaften, die sich um die Hebung der »öffentlichen Moral« kümmern.

2 Bei der Kursivsetzung wird dem Original gefolgt.

3 Der Autor bedient sich hier ironisch der Fortifikationsterminologie; im Original heißt es *Horn-works* and *Breast-works*.

4 Mandeville gibt eine recht freie Version von Platons *Timaios*, 91a–91e.

5 Bei der nun folgenden Berichterstattung aus dem antiken Liebesleben hält sich Mandeville vornehmlich an Montaignes *Essais*, III. Buch, 5. Abschnitt: *Über einige Verse des Vergil.*

6 Der naturwissenschaftlich gebildete Leser erkennt hier unschwer eine Anspielung auf das dritte Axiom von Newtons *Philosophiae Naturalis Principia Mathematica*, die 1687 erschienen waren.

7 Gemeint ist Diogenes Laertius' Werk *Über Leben und Meinungen der berühmten Philosophen*, das Mandeville als Quelle der *Widmung* benutzt hat.

8 Mit sichtlicher Freude spielt Mandeville hier auf bisexuelle Praktiken an.

9 Im Original *Seminals* – wörtlich: Samenflüssigkeit.

10 Das Buch Richter erzählt, wie Samson Fackeln an die Schwänze von dreihundert Füchsen band, worauf diese die Kornfelder der Philister in Brand setzten; AT, Ri 15,4–5.

11 Gemeint ist das berüchtigte Londoner Zuchthaus Bridewell, zwischen der Fleet Street und der Themse gelegen. Es wurde 1863 abgerissen.

12 Im Original: *a Modern Butcher.*

13 Mandeville bekennt sich hier gleich selbst als ein »Liebhaber der Huren«, eine schöne Variante zu den erbaulichen Herren *Philalethes* und *Theophilus*, mit denen die dialogische Aufklärungsliteratur der Zeit – siehe etwa Leibniz – operiert.

14 Im Original *clandestinely*: Mandeville gibt hier einen deutlichen Hinweis auf den literarischen Status seiner *Defence*; sie gehört zur klandestinen, will heißen: heimlichen, sich vor der Zensur durch Anonymität schützenden Pamphletliteratur.

15 Eine anonyme Apologie für den 1649 zum Tod verurteilten König Karl I., wahrscheinlich von John Gauden, Bischof von Worcester, geschrieben.

16 Ein damals sehr populärer Traktat zur moralischen Erbauung, einem frommen Autor namens Richard Allestree zugeschrieben. – Die Wahl dieser Texte ist einmal mehr ironisch; beide Autoren waren als *Tories* auch politisch nicht auf der Linie Mandevilles, der ein *Whig* war.

17 Berühmtes Londoner Kaffee- und Teehaus in der St. James Street, gegründet 1697. Es funktionierte – vergleichbar mit dem *Café de Procope* in Paris – als Salon und Literatentreffpunkt, der so bekannt war, daß er schon in der ersten Nummer des *Tatler* (1709) erwähnt wurde. Später wurde *White's* zu einem Club gemacht, wo man zeitweilig dem Glücksspiel nachging. *White's* existiert noch heute.

18 Gemeint ist eine Predigt des Bischofs von London gegen die von John James Heidegger organisierten Maskeraden. Heidegger (1659–1749) war eine damals wohlbekannte Persönlichkeit: Impresario der Londoner Oper, Auftraggeber Händels, Freund von George II. und von Hogarth, der ihn porträtierte. Heidegger soll von einer solchen Häßlichkeit gewesen sein, daß er damit sogar eine Wette gewonnen habe.

19 Die von Mandeville vorgeschlagenen Bordelle.

20 Anmerkung Mandevilles: »Ein fähiger Arzt von der medizinischen Fakultät«.

21 Horaz, *Episteln*, I, 10, 24: »Natur magst du austreiben mit der Heugabel, sie kehrt beharrlich zurück.« Im Original heißt es allerdings *tamen* und nicht *licet*.

22 Anmerkung Mandevilles: »B----p B----t«. Gemeint ist *Bishop Burnet*, also Gilbert Burnet, der Bischof von Salisbury. Mandevilles – ironisch gewendetes – Schlußzitat stammt denn auch aus dem Vorwort von Burnets 1724 posthum in London erschienener *History of my own times*.

23 Die Zwischentitel sind von der Übersetzerin.

24 Im Original *French-Pox*, gemeint ist die Syphilis.

25 Im Original *Kings-Evil*, gemeint ist die Krätze.

26 Bis zum Ende des achtzehnten Jahrhunderts wird die Syphilis mit Quecksilber behandelt.

27 Mandeville unterscheidet präzise zwischen *publick whoring* und *private whoring;* eine Unterscheidung, die im Deutschen mit den Begriffen öffentliche bzw. private Prostitution wiedergegeben wird. Mit ›Herumhuren‹ ist immer die private Prostitution gemeint.

28 Im frühen achtzehnten Jahrhundert sind die Aufgaben der Ärzte und der Chirurgen noch schärfer getrennt als heute; der Arzt ist der »Meta-Physiker«, der am kranken Körper die Diagnose stellt, der Chirurg ist der medizinische Praktiker, der die Eingriffe ausführt.

29 Gemeint ist die *Silver-Crown* im damaligen Wert von etwa 5 *Shilling*; die *Half-Crown* im Wert von 2 *Shilling* 6 *Pennies*. Laut der Bank of England zählte 1720 ein englisches Pfund damals 20 *Shilling* und entsprach der heutigen Kaufkraft von 73 £. Das heißt, daß Mandeville den Preis für die billigste Prostituierte auf umgerechnet 30 DM heutiger Kaufkraft ansetzt.

30 Zwischen 1663 und 1816 ist die Guinea die wichtigste englische Goldmünze, etwa 7,78 Gramm schwer und ab 1717 gleichbleibend mit 21 Shilling gehandelt.

31 Im Original *Society*.

32 Im Original *Claps*.

33 Siehe Anmerkung 11. William Hogarth wird die Besserungsanstalt *Bridewell* just acht Jahre später im vierten Blatt von *A Harlot's Progress* darstellen.

34 Im Original *over-reaching*.

35 Gemeint sind die Mitglieder einer sektenähnlich organisierten Sittenpolizei, die zu Beginn des achtzehnten Jahrhunderts in England ihre Anstandsvorstellungen mit Gewalt durchzusetzen versuchten; vgl. Anmerkung 1 sowie Anmerkung 22 des *Essays*.

36 Im Original *Shanker*.

37 Im Original *Gonorrhea.*

38 Anspielung auf die in Pillenform verabreichten Medikamente.

39 Mandeville spricht von *Spermaticks;* das achtzehnte Jahrhundert war – nach den ersten mikroskopischen Beobachtungen der Spermien durch Leeuwenhoeck – davon überzeugt, daß es sich dabei um kleine »Tierchen« handelte.

40 Man sollte hier – wie auch weiter unten – nicht vergessen, daß Mandeville auch als Arzt spricht: 1691 hatte er sein zweites Studium in Leiden mit einer medizinischen *Disputatio Medica Inauguralis de Chylosi Vitiata* beschlossen; die Ansichten des Arztes, Sozialreformers und Philosophen gehen in der *Modest Defence* nahtlos ineinander über.

41 Ein schönes medizinphilosophisches Wortspiel: von der Eichel in die Hirnanhangdrüse, kurzum: vom Schwanz ins Hirn.

42 *Othello*, IV, 2. Wo es bei Shakespeare allerdings heißt »the sense aches at thee«, zitiert Mandeville »the very sense aches at her«.

43 Robert Malthus' *Essay on the Principle of Population*, eine Streitschrift über die verheerenden Folgen der Bevölkerungszunahme, wird erst 1798 – übrigens auch anonym – erscheinen.

44 Mandeville verwendet dafür den krassen Ausdruck *Destruction.*

45 Im Original *Stock*; ein Fingerzeig auf die beginnende Warenlogik, unter der Mandeville das »Liebesgeschäft« gerne (wiewohl mit einiger Ironie) abhandelt.

46 Im Original *Wear and Tear*; ein weiterer Fingerzeig für die marktwirtschaftliche Brille, durch die sich die amourösen »Naturgaben« auch studieren lassen.

47 Während Mandeville sich hier an den Fachterminus hält – wie später auch der Lausanner Arzt Samuel-Auguste-André-David Tissot in seinem einschlägigen Buch *Über die Onanie* von 1769 –, dürfen wir uns an der anschaulichen Metaphorik Lichtenbergs erfreuen, der im nämlichen Falle ungeniert von den »ledigen Bettlackenmahlern« spricht (Brief vom 20. April 1791 an Sömmering).

48 Im Original drastisch: *to attack a Woman.*

49 Im Original *Gleets.*

50 Eine der Sirenen, meist mit Fischschwanz abgebildet.

51 Schließmuskel. Seine präzise anatomische Fachsprache macht Mandeville zu einem der ersten Sexualphysiologen seiner Zeit.

52 Die kleinen Schamlippen.

53 Im Original *Masculine Injection.*

54 Die Falloppschen Röhren; benannt nach ihrem Entdecker Gabriele Falloppio (1523–1562).

55 Die physiologische Funktion der Klitoris gehört zu jenem Diskussionsstoff, dem sich die männlichen Anatomen seit dem Ende des siebzehnten Jahrhunderts vorwiegend mündlich widmen. Wer freilich meint, erst Diderot habe – etwa in den *Bijoux indiscrets* von 1748 oder 1765 im Artikel *Jouissance* der *Encyclopédie* – das publizistische Schweigen über die weibliche »Glücksknopse« gebrochen, sieht sich von den Libertins – und auch hier von Mandeville – eines anderen belehrt.

56 Im Original *Violence.*

57 Schamteile.

58 Im Original nicht kursiv.

59 Im Original *worldly interest*: Man achte auch hier wieder auf Mandevilles moralisch-ökonomische Wortwahl.

60 Im Original wieder *interest*: Zur Bedeutungsverschiebung des Begriffes »Interesse« im siebzehnten und frühen achtzehnten Jahrhundert vgl. Albert O. Hirschmann: *Leidenschaften und Interessen. Politische Begründungen des Kapitalismus vor seinem Sieg*. Frankfurt 1980.

61 Im Original nicht kursiv.

62 Im Original von kunstvoller Doppeldeutigkeit – *impregnable*: weder einzunehmen noch zu schwängern.

63 In der griechischen Mythologie riesenhafter Sohn des Poseidon und der Gaia, der im Ringkampf unbesiegt blieb, solange er seine Mutter, die kraftspendende Gaia – also die Erde – berühren konnte. Er wurde von Herakles in der Luft erwürgt.

64 Janus ist nicht nur »doppelgesichtig«, sondern überdies der altrömische Gott des nach außen und innen offenen Torbogens. Sein einziger Tempel lag vor dem Carmentalischen Tor. Mandeville spielt hier überdies darauf an, daß das im Nordosten des *Forum Romanum* gelegene Doppeltor – das *Ianus geminus* – zu Kriegszeiten offenzustehen hatte.

65 Im Original *interest:* Mandeville entwickelt hier Ansätze zu einer ersten Werttheorie des Weiblichen.

66 Shakespeare, *Heinrich IV*, Teil I, V, 4, 129. Mandeville zitiert – wie üblich – nicht genau: Statt »nothing confutes me but my eyes« heißt es bei ihm: »nothing but eyes confutes me«.

67 Im Original *promote their Interest.*

68 Im Original *After-Love.*

69 Im Original *Salvo.*

70 Verssatire von Samuel Butler, London 1663. Der *Hudibras*

war eines von Mandevilles Lieblingsbüchern, das auch Modell gestanden hat für die *Fable of the Bees*.

71 Gesetzgeber von Sparta.

72 Plutarch berichtet davon in der Tat in seinen *Biographien*, Buch *Lykurgos und Numa*, Teil *Numa*, Absatz 25 bzw. *Vergleich*, Absatz 3.

73 Numa Pompilius (715–672 v. Chr.), der Sage nach der zweite König Roms.

74 Im Original *Female-Bow*.

75 Im Original *Postern Plackets:* Man vergesse nicht, daß der weibliche Mensch bis zum Beginn des neunzehnten Jahrhunderts keine oder offene Unterhosen zu tragen pflegte.

76 Die sich aus dem geschlitzten Damenrock ableitenden Fragen sind – neben ihren philosophischen Implikationen – auch von sprachwissenschaftlicher Relevanz. Ich darf den geneigten Leser (welchen Geschlechts auch immer) an dieser Stelle dezent auf einen Brief hinweisen, den Georg Christoph Lichtenberg am 12. Oktober 1772 von Osnabrück an Joel Paul Kaltendorfer gerichtet hat. Lichtenberg diskutiert darin mit großer philologischer Inbrunst seine Beobachtung, daß die niedersächsischen Bauernmädchen für den Schlitz im Rock gleich drei Worte haben, nämlich *Lurcklock*, *Lurckholl* und *Schröerholl*.

77 Im Original *high-dieted*.

78 Im Original *Crisis*.

79 Im Original *Pillory*: Für den deutschen Leser sei als kulturhistorisches Kuriosum hier der italienische Begriff – *mettere alla berlina,* an den Pranger stellen – notiert.

80 Mandeville spielt hier – mit ironischem Unterton – auf Samuel Clarke (1675–1729), den rationalistischen Theologen und Moralphilosophen, und dessen 1706 erschienene Abhandlung *A Discourse Concerning the Unchangeable Obligations of Natural Religion* an.

81 Mandeville denkt hier schon in den Dimensionen einer sozial ausgleichenden Gerechtigkeit.

82 Nicht ganz üblicher juristischer *terminus technicus*, die Augenzeugenschaft der »Sache selbst« meinend. Hätte sich Mandeville ins kanonische Recht vertieft, so wäre ihm auch mit folgender Stelle geholfen gewesen: *sed unus cum una, solus cum sola, in uno lectu invenietur, pater noster orare non censentur* (Wenn ein einzelner Mann und eine einzelne Frau zusammen in einem Bett gefunden werden, ist nicht anzunehmen, daß sie ein *Pater Noster* gebetet haben).

83 Auch hier: Mandeville sieht – weitsichtige Vorwegnahme der *gender troubles* von heute – die juristischen Absonderlichkeiten, die sich ergeben, wenn die Geschlechter in Geschlechtsangelegenheiten gegeneinander prozessieren.

84 Im Original *Policy.*

85 Im Original *Publick Body.*

86 Im Original *Body Natural.*

87 Im Original *Body-Politick.*

88 Im Original *Constitution*: doppeldeutig für den Gesundheitszustand des politischen wie des natürlichen Körpers.

89 Mandeville meint hier jene im achtzehnten Jahrhundert häufig angewandten Metallsalze wie Zink- und Kupfersulfat, die eine Wunde oberflächlich zwar ausbrennen, einen größeren Infekt aber nicht heilen können.

90 Blutstillende Mittel; im Original *Stypticks.*

91 Altes Testament, *Sprüche,* 7, 23.

92 Im Original nur *the Publick.* Mandeville meint natürlich die öffentlichen Kurtisanen.

93 Lichtenberg hätte hier zweifelsohne das Wort *soulaschieren* vorgezogen.

94 Im Original *to enter upon private Intrigues.*

95 Aus dem Überfluß.

96 Die Stelle konnte wörtlich nicht nachgewiesen werden. Mandeville scheint auf Kaiser Tiberius anzuspielen, dessen Triebstärke bei Sueton und in der *Historia Augusta* äußerst plastische Schilderungen erfuhr.

97 Auch hier trifft man die für Mandeville bemerkenswerte Einsicht, daß sich soziale oder politische Systeme nur dann halten können, wenn sie mit möglichst wenig direkten Eingriffen auskommen, also gleichsam autopoietisch und »internalisiert« funktionieren. Adam Smith wird dies später – und in direkter Anlehnung an Mandeville – mit dem Bild der »unsichtbaren Hand« ausdrücken.

98 Mandeville spielt hier auf die Minimalisierungs- bzw. Optimierungsverfahren der zeitgenössischen Mathematik an. Leibniz' erste Veröffentlichung zur *Infinitesimalrechnung* erschien 1684.

99 Im Original *Publick Good.*

100 Mandeville spielt auf den Fall des Marineoffiziers John Felton an, der – von einem falschen Parlamentsbefehl instruiert – am 23. August 1628 in Portsmouth den Staatsmann George Villiers, 1. Herzog von Buckingham, erdolchte. Die Bevölkerung empfand diesen »versehentlichen« Mord an dem brutalen Politiker dennoch als Befreiungstat.

101 Im Original *Black-puddings.*

102 *Apostelgeschichte*, Kap. 15, Vers 29: »daß ihr euch von Götzenopferfleisch und Blut und erstickten Tieren und Unzucht enthaltet; wenn ihr euch hievor in acht nehmt, wird es euch gut gehen. Lebet wohl!« [Anmerkung Mandevilles]

103 »Es wird noch ärger durch lindernden Zuspruch.« Vergil, *Aeneis* 12, 45.

104 Ein Selbstzitat aus der Anmerkung H von Mandevilles *Bienenfabel.*

105 Gemeint ist Ovid.

106 »Nicht, was sich bietet, gefällt; was nicht sich bietet, das stachelt.« Ovid, *Amores* II, 19, 3.

107 Mandevilles Martial-Übersetzung – es handelt sich übrigens um *Lib. III, Ep. 70* – ist mehr als frei.

108 Eigentlich *Lib. I, Ep. 73.*

109 Auch hier: Mandevilles Übersetzung ist etwas plastischer als Martials Vorgabe.

110 Mandeville bezieht sich hier auf ein limitiertes Sonntagsfahrverbot für die sogenannten *Hackney-Coaches*, die Pferdetaxis des achtzehnten Jahrhunderts, welche die Innenstadt Londons besonders am Sonntag völlig verstopften.

111 In der *Bienenfabel* (Anmerkung H) hatte Mandeville ausführlich von den in Venedig und Amsterdam tolerierten Bordellen berichtet.

112 Edward III. aus dem Haus Anjou-Plantagenet regierte von 1327 bis 1377, gemeint ist demnach das Jahr 1351.

113 Gemeint ist Samuel Daniels *History of England* von 1612.

114 Mandeville erinnert an die erste Bauernrevolte in der englischen Geschichte, die von Wat Tyler 1381 angeführt wurde.

115 Richard II. regierte von 1377 bis 1399, gemeint ist also 1381.

116 Die alten Orte Lambeth und Southwark gehörten bis zum Beginn der Neuzeit nicht zur City of London. *Lambeth Palace* ist seit dem 13. Jahrhundert die Londoner Residenz der Erzbischöfe von Canterbury.

117 Das Wappen der *City of London* zeigt im obern linken Geviert ein nach oben gerichtetes Schwert.

118 Gemeint ist John Wycliffe (um 1320–1384), englischer Theologe und Reformer, berühmt für seine scharfen Angriffe gegen Papsttum, Besitz und weltliche Herrschaft der Kirche.

119 Im Original *Cumber-Town.*

120 Heinrich VI. aus dem Haus Lancaster regierte von 1422 bis 1461, gemeint ist demnach das Jahr 1432.

121 Im Original *French-Pox*. Gemeint ist die Syphilis.

122 Heinrich VII. aus dem Haus Tudor regierte von 1485 bis 1509.

123 Heinrich VIII. regierte von 1509 bis 1547.

124 Gemeint ist der deutsche Reformator Martin Bucer – eigentlich Butzer –, 1491 in Schlettstadt geboren und 1551 in Cambridge gestorben. Nachdem er 1549 auf Befehl des Deutschen Kaisers aus Straßburg verbannt worden war, nahm er eine Einladung nach Cambridge an.

125 Gemeint ist Stephen Gardiner (um 1483–1555). Er wurde 1531 Bischof von Winchester. Bucer hatte ihn in seinem Werk *De Religione Christi*, Basel 1548, verunglimpft.

Ursula Pia Jauch

Versuch über Phil-Porney
oder
Momentaufnahme eines Meisterdenkers
beim Verfassen eines skandalösen Textes

I
Ein paar längere, aber notwendige Vorbemerkungen

Vor noch nicht einmal fünfzig Jahren hat Simone de Beauvoir einen kurzen Essay mit der Frage betitelt, ob man Sade verbrennen solle. *Faut-il brûler Sade?* Zweifellos war die Frage rhetorisch gemeint, denn auch 1955 ließ sich kein Mensch mehr finden – und schon gar nicht ein »aufgeklärter« –, den es ernsthaft nach jenen Flammen gelüstete, die, genährt von unschuldigem Papier, im Grunde dafür standen, den Leib eines Autors samt seiner schmutzigen Phantasie zu verbrennen. Wir wissen alle, daß der Marquis de Sade – obwohl zweimal zum Tode verurteilt – keineswegs verbrannt worden ist. Er starb sogar recht friedlich in dem für die damalige Zeit beachtlichen Alter von vierundsiebzig Jahren, und zwar in einem Bett mit einer guten Matratze. Sein Kopf, vormals Geburtsort so vieler Phantasmagorien, lag sanft gebettet auf einem irdischen Kissen, und neben dem Bett saß kein Henker und auch nicht der Abbé Geoffrey, der Anstaltsgeistliche von Charenton, der immerhin hätte darauf hoffen können, den großen Sünder vor seinem Ableben noch zu einem großen Beichtenden zu machen. Nichts von alledem geschah. Sade starb nach einem letzten Schluck Kräutertee aus den Händen des Doktor Ramon; sein Geist verabschiedete sich (wenn wir schon eine Metapher gebrauchen wollen) – und seine Werke blieben uns erhalten. Ein schöner Abgang, eines niederländischen Stilllebens würdig. Tod, wo ist dein Stachel?

Sades Schriften sind nicht die einzigen, deren Aufenthaltsort – wenigstens, wenn man nach der Königin der Bibliotheken in der ungekrönten Hauptstadt der *Lumières* fragt – schon vom Wort her einzigartig ist: der *Enfer* der Pariser *Bibliothèque Nationale.* Keinem für literarische Zwischentöne sensibilisierten Menschen wird dabei die Doppeldeutigkeit dieses *höllischen* Aufenthaltsortes für jene Kopfgeburten entgangen sein, denen die Ehre zukam, als diabolische Schriftwerke rubriziert zu werden; als Ausdünstungen des Leibhaftigen sozusagen, der eins ums andere dieser lüsternen und vor den Augen der Sterblichen tunlichst zu verbergenden Traktätchen ins Hirn ihrer Niederschreiber gepflanzt hat. Und also reihen sich all diese Schriften im abgeschiedenen Schattenreich des *Enfer* aneinander: Die *Thérèse philosophe* neben der *Nouvelle Justine*, die *Foutromanie* neben *Félicia ou Mes Frédaines*, und auch wer nicht viel Französisch versteht, wird genügend Lebenserfahrung haben, damit ein Titel wie *La Matinée libertine ou Les Moments bien employés* einen handfesten deutschen Sinn ergibt.

Die Abgeschlossenheit des *Enfer* als Ort für himmlische Lesevergnügen, wenn möglich gar »mit einer Hand«, wie es Jean-Jacques Rousseau im ersten Buch seiner *Bekenntnisse* vorschlägt?[1] Daß dies eine Täuschung ist, weiß jeder, der sich durch die ewig ähnlichen Leibesübungen der pornographischen Literatur hindurchgelesen hat; ein ermüdendes Exerzitium, das vielleicht als kurzzeitiges Stimulans von Wert sein kann. Genossen aber in größerem Rahmen – sagen wir: nach einem Zehntel der zweitausendvierhundert Seiten Sadescher Gewaltmärsche, die er uns allein schon in *Justine und Juliette* zumutet –, hinterläßt die erotische Lektüre den Leser als graue Hauthülle, entleert und ausgereizt. Es sind ihm buchstäblich die Sinne geschwunden.

Venus wird populär

Vor mir liegt ein kleines Bändchen, zehn mal fünfzehn Zentimeter groß, kaum acht Millimeter dick und folglich in jedes Damentäschchen passend – sofern es sich überhaupt an weibliche Leser wendet. Ebenso schnell allerdings ließe es sich in eine Manteltasche stecken oder unter einem dicken Folianten – etwa dem dritten Band von Hafen Slawkenbergius' großer Abhandlung *Über den schicklichen Gebrauch langer Nasen*[2] – verbergen, denn sein Titel ist kein schicklicher: *Venus la Populaire ou Apologie des Maisons de Joie*, was dem deutschen Leser etwa als eine *Verteidigungsschrift für Freudenhäuser* nähergebracht werden kann; ein Schriftchen, das – reichlich überflüssig – auch noch davon berichten will, daß nichts so populär ist wie die Liebe in Gestalt der Venus. Das Bändchen scheint durch viele Hände gegangen zu sein, doch sein heller Pergamenteinband ist leidlich intakt. Einer seiner früheren Besitzer hat ihm ein stempelfarbenes Brandmal aufgedrückt, aus dem wir schließen können, daß dieses Exemplar der französischen Freudenhaus-Botschaft immerhin einmal den Weg nach Deutschland, in die Bibliothek des Herzogs von Altenburg, gefunden hatte.

Auch *Venus la Populaire* teilt das Schicksal der Sadeschen Werke, in den *Enfer* der *Bibliothèque Nationale* verbannt zu sein. Irgendwann hat wohl ein eifriger Beamter von der »Zweiten Hauptabteilung für schlüpfrige Gedanken« beschlossen, ein Buch mit solchem Titel und solchem Format könne dem lesenden Bürger nicht zugemutet werden – ab in den *Enfer*. So falsch wohl das Bild des pflichteifrigen Zensors auch sein mag: Kein physischer Aufenthaltsort imaginierter Verbrechen hat den inkriminierten Büchern und ihren Verfassern letztlich so viele gute Dienste geleistet wie gerade diese *Höllen*, *Private Cases*[3] und *Giftschränke*, diese europäischen Raritätenkabinette der besonderen Art, eröffnet von büchersammelnden Christenmenschen, deren eine Seelenhälfte den Sinnenmenschen noch nicht ganz hat purgieren und vertreiben wollen. Mit welchem Genuß schmort derjenige in der Hölle, der weiß, daß er ihr die Unsterblichkeit verdankt, und mit welchem Behagen blättern wir noch heute in Pascal Pias achthundertsiebenundachtzig Seiten starker Anthologie über die *Livres de l'Enfer*[4]. Da, auf Seite siebenhundertachtundsiebzig, ist *Venus la Populaire* auch aufgeführt. Daß es nicht die erste Ausgabe von 1727, sondern eine spätere von 1869 ist, ändert gar nichts daran, daß dieses Werk für würdig befunden wurde, ins Nebelreich der gefährlichen und verbotenen Bücher aufgenommen zu werden.

Aber – das wäre die letzte Vorbemerkung – weshalb soll es denn gut und richtig sein, daß das kleine Werk dieses Herrn *Phil-Porney* im *Enfer* gelandet ist? Hat sich der Zensor da nicht allzu schnell zum allerdings naheliegenden Gedanken führen lassen, ein Schriftchen, dessen Autor mit »Liebhaber der Huren« zeichnet, müsse folglich *Porneutisches* enthalten: wüste Schilderungen von sapphischen Serail-Szenen, schwellenden Schmollmündern, sodomitischen Schweinereien, skatologischen Saturnalien, süddeutschen Saumüllereien[5] und sadistischen Scharlachrennen[6] (um nur einmal den Buchstaben S zu bemühen)? Dem aber ist nicht so. Es ist gerade umgekehrt. Das öffentliche Interesse an *Venus la Populaire* ist schnell erlahmt, und zwar deshalb, weil kundige Sittenrichter von ihr keine sündige Kunde geben konnten. Oder anders. Über das kleine Werk unseres *Phil-Porney* findet sich im *Bilderlexikon der Erotik*, zwischen 1928 und 1932 herausgegeben vom Wiener Institut für Sexualforschung, folgender geradezu vernichtende Eintrag: »Dieses oftmals aufgelegte kleine Werk, das zuerst in englischer Sprache unter dem Titel ›A modest defense of public stews‹ erschienen und in

VENUS
LA
POPULAIRE,
OU
APOLOGIE
DES
MAISONS DE JOYE.

Nimirum propter continentiam incontinentia necessaria est, incendium ut ignibus extinguitur. Seneca.

Omne adeo genus in terris, hominumque ferarumque,
Et genus æquoreum, pecudes pictæque volucres,
In furias ignemque ruunt. Virg. Georg. 3.

Traduite de l'Anglois.

A LONDRES,
Chez A MOORE.

M. DCC. XXVII.

vielfacher Hinsicht auf englische Verhältnisse geschrieben ist, ist durchaus kein Sotadikum, sondern vielmehr eine Utopie auf dem Gebiete des Bordellwesens, die verschiedene Reformen im Auge hat und die sozialpolitische Bedeutung dieser Anstalten in das richtige Licht setzen will. Der Verfasser ist gegen die freizügige Prostitution, die alle Laster fördert, während der reformierte Bordellbetrieb diese unterdrücken würde.«

Venus ist da gar nicht mehr populär. Der mit G. zeichnende Verfasser wittert hinter ihr gar erotischen Etikettenschwindel, schließlich setze sich der Autor für sozialpolitische Reformen ein, die gefährlich mit dem Abolitionismus und überhaupt mit dem Aus für sinnliche Freuden kokettierten. – Inwiefern dieses freudlose Urteil zutrifft, wollen wir später noch diskutieren.

In der Versenkung

Immerhin wundert nicht, daß die genannte *Modest Defence* – nach so schlechter Referenz – schnell einmal vergessen wurde. Zwar hat die französische Übersetzung als bibliophiles Kuriosum noch etliche Auflagen erzielen können (die letzte davon sogar tief im neunzehnten Jahrhundert) –, aber als Erotikum erfreute sie sich bei den Liebhabern dieses Lektüregenres offensichtlich eines entschieden schlechten, das heißt: eigentlich gar keines Rufes. Und auch wenn die Frage der Verbreitung ebenfalls weiter unten noch diskutiert werden wird, dürfen wir jetzt schon sagen: den Deutschen ist die *Modest Defence of Publick Stews* bislang keiner Übersetzung wert gewesen, ein Umstand, über den gerätselt werden darf (und der den deutschen Leser übrigens nicht notwendig zum Schluß führen sollte, es habe in Germanien an der Tradition des ebenso ausschweifungs- wie anspielungsreichen

Buches gefehlt; ich erinnere an das *Schatzkästlein des schweinischen Hausfreundes*, Leipzig und Gotha 1895, erschienen *Beim allgemeinen Leckfritz,* oder an die *Kuriose Begebenheit zweyer Brüder namens Jemine und Leck mich im Arsch*, erschienen *im Zährenthal* 1790).

Kurzum: Bald zweihundertachtzig Jahre nach ihrer heimlichen Geburt darf nun auch das lesende Publikum deutscher Zunge mit einer ehrbaren Tochter aus geistreichem englischen Hause näher bekannt gemacht werden. Hier ist sie, in schönem Kleid und auf gutem Papier – *Eine bescheidene Streitschrift für Öffentliche Freudenhäuser*. Und sollte einer sagen, mit einem so alten Mädchen wolle er weiß Gott nicht mehr anbandeln, so würde ich ihm (und mit Verweis auf die ebenso zeitlosen wie ungelösten und also allgegenwärtigen Bordelldiskussionen in Schweden, in Österreich, in der Schweiz, ja sogar: im sittenstrengen Deutschland, wo die Zeit auch nicht bei den blaubeschuhten Serailsdamenfüßchen des württembergischen Herzogs Karl Eugen stehengeblieben ist) entgegnen: *Mein Herr, Venus kommt nie ins Alter*.

Man lasse sich also erzählen, welch findiger Vater diese reizvolle Tochter in die Welt geschickt und welchen fährnisreichen Weg das gute Kind fortan hat erleiden müssen. Wir kommen nun endlich zu *Phil-Porney* alias Bernard Mandeville und versichern den Leser, daß wir uns – getreu den Selbstermahnungen Mandevilles – in Zukunft eines weniger scherzhaften Tones befleißigen wollen.

II
Ein Lebenskünstler in London

Man stelle sich einen Mann in seinem dreiundfünfzigsten Jahr vor, beliebt bei seinen Freunden – etwa beim Hofarzt Sir John Sloane oder beim Lord Chancellor Earl of Macclesfield, damals Inhaber eines nicht unbedeutenden Staatsamtes – und anerkannt sowohl für seine Fertigkeiten wie auch sein Weltklugheit; einer, der die Menschen mit gewitzten, aber freundlichen Augen betrachtet und der im übrigen keiner ist, der einen gefüllten Kelch an sich vorbeigehen ließe. Überhaupt kann und weiß er vieles, aber eines kann er gewiß nicht: auf den Mund sitzen und mit seiner Meinung hinter dem Berg halten. Nun hat es sich, im Juli 1723, ergeben, daß wir Herrn Mandeville in einigem Ärger vorfinden. Die Lebensgeister, sonst willige Mitarbeiter seiner Phantasie, flüchten in die untere Leibeshälfte, die Adern schwellen, der Blutdruck steigt. Man hat ihn verleumdet. Das heißt, eigentlich seinen Verleger, der es gewagt hatte, eine zweite, mit riskanten Ergänzungen versehene Auflage der ohnehin schon verwegenen *Bienenfabel* zu veranstalten. Und also hatte das Obergericht von Middlesex – »in der größten Sorge und Unruhe die vielen Bücher und Schmähschriften beobachtend, die fast jede Woche gegen die geweihten Schriften unserer heiligen Religion und gegen allen Gehorsam und alle Ordnung in der Kirche veröffentlicht werden« – am 11. Juli 1723 in Ermangelung des Autors der *Bienenfabel* dessen Verleger Edmund Parker, wohnhaft an der Lombard Street, London, folgender Vergehen angeklagt:

Erstens der Untergrabung der öffentlichen Moral, zweitens der Lästerung der Lehre von der ewig seligen Dreieinigkeit, drittens des Bestreitens der Vorhersehung und der Herrschaft des Allmächtigen in der Welt, viertens des

Umsturzes aller Ordnung und allen Gehorsams in der Kirche, fünftens der Beförderung der allgemeinen Zuchtlosigkeit auch an den Universitäten, sechstens der Verbreitung von Lügen über Religion und Tugend, was ganz allgemein die Gesellschaft und den Staat verderbe, kurz: »man empfiehlt Luxus, Geiz und alle möglichen Laster als etwas, das nicht etwa zur Zerstörung aller Ordnung führe, sondern gerade für die öffentliche Wohlfahrt notwendig sei, ja, man hat sich sogar der Bordelle mit ausgeklügelten Verteidigungen und gekünstelten Lobreden angenommen, die auch im Druck erschienen sind und deren Zweck nach unserer Meinung nur darin bestehen kann, die Nation zu verführen.«[7]

Nun mag eine derartige Anklage jenen Leser nicht erstaunen, der sich mit den Druck- und Zensurverhältnissen Italiens, Spaniens oder auch Frankreichs auskennt (1734 etwa werden Voltaires *Lettres philosophiques* einem Feuer vor den Pariser Parlamentsstufen übergeben). Für England hingegen, das sich nach der *Glorious Revolution* von 1688 einer beginnenden Zivilgesellschaft mit weitgehender Rede- und Preßfreiheit erfreuen konnte, geht eine solche Anklage weit. Kommt hinzu, daß ein scheinheiliger Mensch mit dem Decknamen *Theophilus Philo-Brittanicus*, also ein erklärter Freund Gottes und Britanniens, am 27. Juli 1723 noch drastischere Anklagen gegen den »Catilina« der Bienenfabel im *London Journal* veröffentlicht hatte. Kurzum, Bernard Mandeville, Sprößling einer Hugenottenfamilie, die seinerzeit wohl just wegen der Religions- und Gedankenfreiheit von Frankreich über Holland nach England geflüchtet war, sieht sich von einem Schicksal wieder eingeholt, dem er sich längst entronnen fühlte: freies Denken ist wieder zu einer gefährlichen Angelegenheit geworden. Verständlich, daß er aufgebracht ist. Schnell setzt er sich hin – denn noch immer glaubt er an das freie Wort – und beginnt eine erklärende

Antwort zu verfassen, in der Absicht, auch diese in das *London Journal* einzurücken.

Da nun unser Held mit dem beschwerlichen und zeitraubenden Kampf um die öffentliche Meinung beschäftigt ist, wollen wir ihn dabei nicht weiter stören. Statt dessen rekapitulieren wir die Lebensdaten und Ereignisse, die vor diesem Juli 1723 liegen. Das ist nicht ganz einfach. Denn im Gegensatz zur detailreichen Dokumentation über sein Werk haben sich die meisten biographischen Spuren Bernard Mandevilles im Staub der Archive verloren. Das Wenige, was gesichert ist, verdankt sich den minutiösen Nachforschungen des Literaturhistorikers Frederick Bernard Kaye, dessen Studien noch heute maßgeblich sind.

Biographen unterliegen gern der Schwäche, den Gegenstand ihrer Nachforschungen in möglichst glänzendem Licht zu sehen. Daß Bernard Mandeville einer »vornehmen französischen Hugenottenfamilie« entstammt – wie Walter Euchner noch 1980[8] respektvoll erläutert –, ist zwar naheliegend, aber nicht wirklich gesichert. Kaye jedenfalls hat Mandevilles Stammtafel nur bis zu Michael de Mandeville zurückverfolgen können, also bis zum Großvater des späteren Bienenfabel-Autors, von dem berichtet wird, er sei als Arzt im holländischen Nijmegen tätig gewesen.[9] Eine Spur nach Frankreich läßt sich nicht finden, wie sehr man dies mit dem Argument, Bernard Mandeville hätte doch so gut unter die französischen Libertins gepaßt, auch wünschen möchte. Zurück zum Holländer Michael de Mandeville, dessen Enkel Bernard – dies wenigstens ist unverbrüchlich dokumentiert im *Doopregister der Gereformeerde Kerk* von Rotterdam – daselbst am 20. November 1670 getauft worden ist, freilich: ein genaues Geburtsdatum fehlt. In Rotterdam besucht Mandeville bis Ende Oktober 1685 die Erasmische Schule, danach immatrikuliert er sich an der Universität Leiden.

Wir überschlagen Irrungen und Wirrungen eines Studentenlebens im späten siebzehnten Jahrhundert und wenden uns gleich dem erfolgreichen Studienabschluß unseres Probanden zu. 1689 nämlich, im Alter von neunzehn Jahren, präsentiert Mandeville eine erste lateinische Dissertation mit dem Titel *Philosophische Disputation über die Bewegung der Tiere*. Dazu muß man wissen, daß René Descartes im fünften Teil seines 1637 gedruckten *Discours de la Méthode* die kühne These in die Welt geschickt hatte, die Tiere seien keine dem Menschen verwandten »Lebe«wesen, sondern vernunft- und seelenlose Automaten, wenn auch von Gott mit größter Geschicklichkeit hergestellt und vergleichbar jenen mechanisch präzise funktionierenden Uhrwerken, an deren kunstvollem Innenleben sich das Zeitalter erfreute. Dies war durchaus nicht Descartes' erster Streich, aber die Welt erfüllte sich alsbald wieder mit etlichem Lärm, zu dem auch Mandeville beitrug, und zwar auf der Seite der Cartesischen Tiermaschinen-Verfechter: denn immerhin behauptet Mandeville im fünften Schlußsatz seiner Disputation, klar und deutlich bewiesen zu haben, »daß Tiere nicht fühlen«. Nun empfiehlt es sich bei Dissertationen, einen kleinen Seitenblick auch dem Doktorvater zu gönnen. Tatsächlich. Burcherus de Volder, der Leidener Professor für Philosophie und Medizin, zählte zu den bekennenden Cartesianern. Folglich hätte wohl ein Kandidat, der den Cartesianismus, die neue Religion des Abendlandes, nicht gläubig verteidigte, mit Erschwernissen bei der Erlangung des Doktorhutes rechnen müssen. Die Vermutung liegt nahe, daß Mandeville nicht mit seinem Herzen, sondern nur aus Klugheitsgründen für Descartes votierte. Nur noch ein einziges Mal erhält Descartes einen kurzen Auftritt bei Mandeville, nämlich am Schluß der Anmerkung P in der zweiten Ausgabe der *Bienenfabel*, wo sich Mandeville mit großem rhetorischen Geschütz gegen die Tierquäler wendet, die mit Sorgfalt ihr Vieh bis zum Schlachttag mästen, um es dann bestialisch niederzumetzeln: »Wenn ein großer, kräftiger Stier, nachdem er der zehnfachen Gewalt von Schlägen widerstand, die seinen Mörder getötet haben würden, schließlich betäubt hinfällt und sein gehörnter Kopf mit Stricken am Boden befestigt wird, welcher Sterbliche kann dann, sobald die klaffende Wunde gemacht ist und die Schlagadern durchschnitten sind, ohne mitzuleiden, das schreckliche, von Blutströmen unterbrochene Brüllen hören, die bitterlichen Seufzer, die ihm seine furchtbare Angst auspreßt, das dumpfe verzweifelte Stöhnen, das aus der Tiefe seines starken, zitternden Herzens heraufdringt [...]? Wenn ein Lebewesen solche überzeugende und unleugbare Beweise seiner Schmerzen, der Qual und der Todesangst, die es empfindet, gegeben hat, gibt es da noch einen Anhänger Descartes', der gegen Blutvergießen so abgehärtet ist, daß er nicht von Erbarmen ergriffen die Philosophie dieses seichten Vernünftlers verwirft?«[10]

Kein Cartesianer

Kurzum: Die Cartesische Tiermechanik taugt für die Realität des Schlachthofes so wenig wie die Vernünfteleien der Hohen Schulen für die konkrete Welt (so wenigstens urteilt der Bienenfabel-Autor dreiunddreißig Jahre nach dem Verfassen seiner »modischen« Descartes-Dissertation). Mandeville – wir stellen ihn uns mittlerweile als einen agilen jungen Menschen mit einem gewissen Hang zum praktischen Tun vor – scheint sich mit diesem einen Doktorhut freilich noch nicht genügend abgesichert zu fühlen gegen die Unbill einer konkret werdenden Welt. Nach einem Medizinstudium, auch das in Rekordzeit absolviert, sehen wir ihn 1691 seinem Namen einen zweiten

Doktortitel hinzufügen, nun aber einen weniger spekulativen, nämlich den von der medizinischen Fakultät. Ein paar Jahre ist er in Holland – wie übrigens schon sein Vater – als Facharzt für Magen- und Nervenleiden tätig, was nicht überrascht, wenn wir einen Blick auf seine kommenden Schriften werfen, etwa auf den *Treatise of the Hypochondriack and Hysterick Passions* von 1711. Auch da wird Mandevilles Augenmerk der Verbindung zwischen Körper und Geist vornehmlich bei jenen Zeitgenossen gelten, die an einer wunden Seele leiden.

Dann, im Alter von ungefähr fünfundzwanzig Jahren, zieht es ihn nach London, und zwar, wie berichtet wird, »um die englische Sprache zu lernen«. Nicht gesichert ist die Frage, ob er sich zuvor noch den kleinen Luxus eines *Grand Tour* durch Europa, kleine Abstecher nach Paris, Rom und Venedig etwa, geleistet hat. Doch einmal angekommen und installiert in London, stellt er befriedigt fest, daß ihm sowohl das exzentrische Klima als auch die sonderlichen Menschen gut bekommen. Wenige Jahre später, am 1. Februar 1698 oder 1699 (ein tintenklecksender Schreiber hat die letzte Ziffer ruiniert), begeht Bernard Mandeville mutig jenen Daseinsakt, der ihn nicht nur an einen weiblichen Menschen, sondern auch an den Ernst einer bürgerlichen Existenz kettet: er heiratet. Von Ruth Elizabeth Laurence, seiner Angetrauten, ist nicht viel mehr zu erfahren, als daß sie zweimal niederkommt; einmal mit dem Sohn Michael (auch hier hat wieder ein Tintenklecks sein Unwesen getrieben: getauft wird dieser Sohn entweder am 1. März 1698 oder 1699, was den Leser aber nicht allzu lang auf die Nebenwege einer konjugalen Kombinatorik führen sollte) und ein zweites Mal mit einer Tochter, die den Namen Penelope erhält. Die Familie wohnt im Kirchsprengel von St. Martin-in-the-Fields, eine durchaus ehrenwerte Adresse. Wenige Jahre nach seiner Niederlassung in England legt Mandeville auch sein französisch klingendes Adelsprädikat ab. Wer will, kann darin gerne ein Indiz dafür sehen, daß Mandeville nicht zur eitlen Fraktion der Prädikatspfauen gehören will.

London: Hier finden wir unseren Eindruck von Mandeville als einem produktiven Geist bestätigt, denn schon 1703 gibt er eine kleine Fabelsammlung »im Stil von La Fontaine« heraus. 1704 tritt er nochmals mit einem »verkleideten« *Aesop dress'd*, einer englischen Fabelsammlung, vor das Publikum – als familiärer Unterhalter und durchaus unakademisch. Zwei Angewohnheiten lassen sich schon bei diesen ersten bis hin zum letzten Gang zur Presse verfolgen: Mandeville publiziert meist anonym oder unter einem anspielungsreichen Pseudonym. Und er hat ein Gespür für auffällige, pikante Titel. Hat er Erfolg gehabt mit seinem *Kostümierten Aesop*? Immerhin produziert er 1704 eine zweite, erweiterte Auflage, und noch im gleichen Jahr erscheinen *Burleske Verse* im Stil von Scarrons *Gigantomachie*. Nichts von all dem hat sich gut verkauft, wird er später sagen, denn über sich selbst redet er gern in seinen Werken – heiter und ohne Selbstmitleid.

Es sind genau diese Selbstkommentare, die bald zur einzigen Quelle von Mandevilles weiterem Leben werden, denn als Mensch kommt uns der Autor abhanden, je mehr er sich mit seinen Werken in die Welt einschreibt. Deshalb folgen wir der Spur seiner Feder, immerhin so etwas wie der Schattenriß einer Biographie. Besonders gesprächig in Angelegenheiten der eigenen Person ist Mandeville in der schon genannten *Abhandlung über die Leiden der Hypochondrie* von 1711, wo er sein alter ego *Philopirio* – ein bekennender Liebhaber der Erfahrung – zu seinem dialogischen Gegenüber sagen läßt: »Eine zu große Geschäftslast konnte ich nie aushalten, ich hasse großen Zulauf und ich fühle mich nicht wohl, wenn man mir nicht Zeit läßt. Ich bin von Natur langsam und könnte ebenso wenig ein Dutzend Patienten an einem Tag bedienen als fliegen. Ich muß Ihnen gestehen, ich bin ein wenig selbstsüchtig und es ist mir nun einmal ein Bedürfnis, auch meinem eigenen Vergnügen und meiner Unterhaltung nachzugehen, überhaupt auch für mich zu sorgen und nicht bloß für andere. Ich bewundere die gemeinnützigen Menschen, welche sich im Geschäft schinden vom frühen Morgen bis spät in die Nacht und die jeden Zoll von ihrem Selbst für ihren Beruf opfern. Aber ich habe nie die Kraft gehabt, es ihnen nachzutun, nicht, daß ich gern faul wäre, aber ich will beschäftigt sein, so wie es mir paßt. Wenn jemand zwei Drittel der Zeit, die er wach ist, an andere weggibt, so meine ich, hat er ein Recht auf den Rest für sich selbst.«[11]

Ein Lebenskünstler? Jedenfalls einer, der klug genug war, schon Jahre vor dem letzten Ticken seiner Lebensuhr zu einer gedeihlichen *ars vivendi* zu finden. Wenn er literarische Werke in die Welt hinausschickt, so sind sie Früchte einer vergnüglich verbrachten Freizeit; Werke, mit denen er erst einmal sich selbst beschenkt. 1704 wird es nochmals eine Versgroteske im Stil Scarrons über *Die Kriege zwischen den Göttern und den Riesen* sein, ein Jahr darauf dann das anonyme und folgenreiche Gedicht über den *Unzufriedenen Bienenstock*, 1705 zunächst als kleine Sixpenny-Broschüre mit einem derartigen Erfolg unter die Leute gebracht, daß es gleich auch noch einen Raubdrucker zum zweiten Vater erhielt. 1714 dann wird Mandeville für eine um zwanzig längere Kommentare erweiterte Fassung der *Bienenfabel* sorgen, die nun den Titelzusatz *Private Laster, öffentliche Vorteile* trägt; dem Bändchen gibt er überdies eine provokative *Untersuchung über den Ursprung der sittlichen Tugenden* bei. – 1723 wird davon eine zweite Auflage erscheinen, wiederum erweitert durch zwei nicht minder provokative Essays, nämliche *Eine Abhandlung über Barmherzigkeit*,

Armenpflege und Armenschulen sowie *Eine Untersuchung über die Natur der Gesellschaft.* Ein höllisches Buch? Jedenfalls wird die französische Übersetzung der *Bienenfabel* von Papst Pius VI. 1745 auf den Index gesetzt. Der Skandal damals war perfekt. Und heute ist er längst vergessen. Statt dessen läßt sich die Karriere der *Bienenfabel* als prototypische Erfolgsgeschichte eines einstigen Skandalbuches skizzieren, das seinen Stachel verloren hat und das sich heute – gezähmt und wohl auch zahnlos gemacht in einem Meer von Kommentaren – zu den Klassikern der liberalen Wirtschaftstheorie zählen lassen muß (ich erinnere daran, daß 1966 Friedrich August von Hayek, später Nobelpreisträger für Wirtschaftswissenschaften, mit einem prominenten Vortrag die definitive Einbalsamierung des Doktor Mandeville zum liberalökonomischen »Master-Mind«[12] betrieben hat; eine Kategorisierung, deren Ausschließlichkeit ich nicht folgen kann).

Ärger mit der Bienenfabel

Doch 1714 und 1723 ist das alles noch ganz anders. In England ist man empört über einen, der öffentlich ausplaudert, was ohnehin jeder weiß: Daß die Gesellschaft aus den Lastern der Einzelnen im großen Ganzen nur Vorteile herausschlägt; daß sich der Glaser über jede von einem Einbrecher ruinierte Scheibe freut und der Schnapsbrenner über jede unglückliche Seele, die ihren Kummer im Gin ersäuft. Noch mehr: Daß Stolz und Eitelkeit mehr Hospitäler und Armenschulen erbaut haben als alle christlichen Tugenden zusammen, und schließlich, daß, was man so gerne als »Sittlichkeit« und »Moral« ausgebe, eine Erfindung von schlauen Politikern und Priestern sei, um die große Masse der Menschen in Schach zu halten. Verständlich, daß unser Doktor 1723 in arge Bedrängnis kommt, wir haben oben davon berichtet. Zu seinen Gegnern gesellen sich noch ein paar Prominente aus der philosophischen Zunft hinzu, Francis Hutcheson, George Bluet, William Law, Hermann Samuel Reimarus, George Berkeley – viel Aufregung ist im Land der Denker, denn es darf nicht sein, daß »Tugend« nur ein Wort ist.

Gelingt es Mandeville, sich zu verteidigen? Oder wenigstens, sich zu erklären? Wir nehmen den oben fallen gelassenen Faden wieder auf und begeben uns zurück ins Jahr 1723, wo Mandeville in der Zwischenzeit mit seiner »Antwort« gegen seine Verleumder zu Ende gekommen ist. Am 10. August 1723 erscheint sie im *London Journal*. Der ›Autor der Bienenfabel‹ – so wird er am Schluß unterschreiben – bemüht sich redlich, sein Buch gegen die schwarzen Verleumdungen zu verteidigen, mit denen es beworfen worden ist. Auf guten sechs Spalten bittet er »alle Männer von Verstand und Aufrichtigkeit« darum, ihm ihr Ohr zu leihen. Er beschwört seine guten Absichten und versucht nochmals zu erläutern, weshalb das Übel in der Welt zwar möglicherweise böse, aber doch das große Prinzip sei, das die Menschen zu sozialen Wesen mache. Allerdings gebe er zu, daß eine derartige These – an der er nach wie vor festhalte – nicht für die Hirne von Kleingeistern geschrieben sei. Wer nicht nachvollziehen könne, daß des einen Bedürfnis des andern Verdienst sei, solle gar nicht erst weiterlesen. Ein unbefriedigtes Bedürfnis aber könne man sehr wohl ein Übel nennen, ein befriedigtes hingegen ein Gut. Es sei dies ein allgemeiner Grundsatz, der jedem verständigen Mann einsichtig sein sollte, und deshalb fasse er ihn nochmals in einfache und klare Worte: »Der Mensch ist in unzähligen Richtungen eine bedürftige Natur, und gerade aus diesen Bedürfnissen und aus nichts anderem entspringt aller Handel und Wandel.«[13]

Das gelte ebenso für den hungrigen Gast bei *White's* wie für den brünstigen Studenten in der *Thames Street* oder der *Drury Lane*: Beide wollten nichts anderes, als ein Bedürfnis stillen, woraus gewisse Leute wiederum ihren Nutzen zögen. So sei die menschliche Natur, und wer dies nicht begreifen könne, müsse sich die Frage gefallen lassen, ob seine geistige Faßkraft zur Lektüre von philosophischen Büchern ausreiche. Im übrigen enthalte die *Bienenfabel* nirgendwo eine Lobrede auf die Bordelle, im Gegenteil: Sie sei ein Buch »von strenger und hoher Moral«, da sie als erstes ethisches System die menschlichen Leidenschaften analysiere, die große Macht der menschlichen Eigenliebe aufdecke und deren Verstellungen bis in die dunkelsten Schlupfwinkel verfolge, und das überdies in einem angenehmen Stil und ohne jede sauertöpfische Pfaffenpedanterie. Im ganzen Buch befinde sich kein einziger Satz, der ein keusches Ohr beleidigen, geschweige denn eine ganze Nation verführen könne. Wenn ein ausgezeichneter Arzt über Leichengifte schreibe, sei es töricht, ihn als Volksschädling verhaften zu wollen, und ebenso töricht sei es, wenn ein Philosoph, der am Menschen gewisse unheilige Seiten entdeckt habe, der Gotteslästerung bezichtigt werde. Zudem zeige der große Erfolg der *Bienenfabel* ja nur, daß ihre Diagnose stichhaltig sei. – Falls aber jemand darauf bestehe, wolle er gern sein Buch selbst verbrennen – »zu jeder vernünftigen Zeit und an jedem vernünftigen Ort«.[14]

Wir wissen, wie wenig solche Erklärungen vermögen. Der träge Strom der Dummheit läßt sich so schnell nicht von seinem Weg abbringen. Die Verleumdungen gehen weiter. »Merkwürdige Geschichten« über den *Bienenfabel*-Autor werden in Umlauf gesetzt. Ganz besonders tut sich darin hervor Sir John Hawkins in seinem umfänglichen *Leben des Doktor Samuel Johnson.*[15] Mandeville, ein gefährlicher Deist, habe in »obskuren Absteigen« gewohnt und sich als Arzt ausgegeben, obwohl er kaum Patienten gehabt habe. Von seiner *Hypochondrie-Abhandlung* habe Johnson zwar oft mit Anerkennung gesprochen, was aber nichts daran ändere, daß Mandeville öfters Zeitungsartikel für den Genuß von Alkoholika im *London Journal* publiziert habe, für die er sich von den Branntweinherstellern habe bezahlen lassen. Mandeville solle grob und hochmütig aufgetreten sein, von holländischen Kaufleuten habe er eine Pension bezogen, weil er sich darauf verstanden habe, ihnen zu schmeicheln. – So zweifelhaft diese Sätze und deren Quellen sind, so schnell haben sie sich verbreitet. In den unterschiedlichsten Fassungen finden wir sie in fast allen europäischen Biographien, die sich einen Eintrag über den Bienenfabel-Autor leisten, auch in Deutschland. *Jöchers Allgemeines Gelehrten-Lexikon* weiß 1751, nach einer kurzen Aufzählung der »naturalistischen« Schriften Mandevilles, zu berichten: »Man sagt, daß seine Aufführung und Lebens-Art eben so frey und unordentlich, als sein Vortrag in Schrifften gewesen.«[16]

Sagt man. Freilich: Wer Mandeville wirklich war, wissen wir heute so wenig wie damals der unzimperliche Sir John Hawkins. Dennoch hat es sich eingebürgert, in einem wegwerfenden Ton über Mandeville zu sprechen. Besonders profiliert darin hat sich Hermann Hettner, der in seiner nach wie vor als Standardwerk geltenden *Literaturgeschichte des achtzehnten Jahrhunderts* über Mandeville als Philosoph und als Mensch generell den Stab bricht und die Bienenfabel mit harten Sätzen aburteilt: »Wo ist eine schnödere Rechtfertigung und Empfehlung des Lasters als hier? Die weltmännische Blasirtheit hält eine leichtfertige Selbstschau, und giebt sich prahlerisch das Zeugnis der unentbehrlichen Trefflichkeit. Das nackte Ich spreizt sich schamlos auf und macht nach ächter Sophistenart die Laune und Willkür und die Schlechtigkeit des Herzens zum Pulsschlag des Weltlaufs.«[17]

Doch das war 1855 und reflektiert die Tonlage des sittenstrengen neunzehnten Jahrhunderts. Aber auch Friedrich Albert Lange, sonst dem unorthodoxen Denken durchaus zugetan, stört sich 1866 an Mandevilles »Übertreibungen« und wundert sich zudem, daß Adam Smith den Bienenfabel-Erzähler »auffallend milde und anerkennend«[18] beurteilt habe (ein Umstand, der uns gar nicht wundert, schließlich hat sich Adam Smith großzügig – gelegentlich wörtlich – bei Mandeville bedient[19]).

Einen wahren Freidenker erkennt man daran, daß er auch in Gefahr nicht von der Feder lassen kann. Es sind fünf Schriften, mit denen Mandeville nach seiner Verleumdung beim Obergericht die wenigen klugen unter den vielen lesenden Köpfen erfreut. Dazu gehört just unser *Versuch über die Hurerei* von 1724. Alle diese kleinen Sendschreiben aus der Werkstatt eines Unerschütterlichen haben ihr Publikum gefunden, obwohl sich der Autor hinter verschiedenen Masken versteckt hat. War er klein und bucklig? Rotgesichtig und schlaksig? Von Pockennarben übersät oder so schön wie Hérault de Séchelles in seinen Jugendjahren? Wir wissen es nicht. Aber: Er war klug und witzig, kein Pedant und kein Murrkopf, und er hatte ein Herz. Mandeville starb am 21. Januar 1733, und zwar im Bett, auf einer anständigen Matratze. Neben seinem Bett saß wohl jener Freund, der ihm einen empathischen Nachruf – vielleicht das einzige »gerechte« Porträt des *Bienenfabel*-Autors – in *Beringtons Evening Post* vom 23. Januar 1733 gewidmet hat: »Am letzten Sonntagmorgen starb in Hackney in seinem dreiundsechzigsten Lebensjahr Bernard Mandeville, Doktor der Medizin, Autor der *Bienenfabel*, einer *Abhandlung über Hypochondrie* sowie anderer kurioser Schriften, von denen einige sogar in fremde Sprachen übersetzt wurden. Er verfügte über großes Genie, einen ungewöhnlichen Witz und ein strenges Urteil. Er war gründlich bewandert in der antiken Literatur, gut bekannt mit vielen Teilen der Philosophie und ein immer neugieriger Erforscher der menschlichen Natur; Kenntnisse, die ihn zu einem wertvollen und unterhaltenden Gesellschafter machten und die ihm hohe Wertschätzung bei Menschen von Bildung und Sensibilität einbrachten. In seinem Beruf war er bekannt für seine Menschlichkeit und sein Wohlwollen; er war ein treuer Freund und in seiner ganzen Lebensführung ein Gentleman von großer Redlichkeit und Integrität.«[20]

III
Bei den Huren in der Drury Lane

Der Autor der Bienenfabel ist tot, aber noch ist *Phil-Porney* nicht geboren. Denn während Mandeville nach langen Jahrzehnten der Vergessenheit eine einseitige Renaissance als Vorfahre des Neoliberalismus und seiner gewinnfreudigen Adepten von heute zu feiern hat – eine Wiedergeburt, über die er sich wohl sehr gewundert hätte –, sind seine kuriosen Späßchen über dieses eigenartige Wesen Mensch von der menschenleeren Kälte einer schnarrenden Marktlogik verdrängt worden. Wer in Mandeville nur einen willfährigen Propheten des *laissez faire* oder einen eilfertigen Schrittmacher der wirtschaftlichen Expansion sehen will, darf hier die Lektüre abbrechen. Die andern aber, die hartnäckig an einer Anthropologie festhalten, die mehr als nur den *homo oeconomicus* kennt, möchten wir bitten, uns kurz zurück ins Jahr 1709 zu folgen. Da nämlich belauscht Mandeville keineswegs das Gespräch zweier Herren über die Entwicklung des *Stock*

Market, sondern eine intime Unterhaltung einer Dame und ihrer Nichte. Worüber? Ja, worüber denn? – Über die Männer und die Frauen, über offene Busentücher und geschlossene Hosenställe, über echte Kastraten und unechte Jungfrauen; kurzum: über die Sorgen des Menschenwesens, sofern es irgendein Geschlecht hat.

Mandeville als Damen-Philosoph

1709: Da ist Mandeville noch wenig bekannt als Schriftsteller und vielleicht auch noch wenig geübt, aber seine bisherigen Werke atmen einen experimentellen, flüssigen und einfallsreichen Stil. Daß der Autor Ideen hat und mit seinen Geistesblitzen durchaus nicht unbekannt bleiben will, zeigt beispielhaft seine *Demaskierte Jungfrau oder: Weibliche Zwiegespräche zwischen einer älteren unverheirateten Dame und ihrer Nichte, betreffend verschiedene ergötzliche Unterhaltungen über Liebe, Heirat, Memoiren und Moral etc. der Zeit*; ein Titel, der werbewirksam auf Frivolität setzt und bei jedem auch nur ein wenig erfahrenen Leser die Erwartung weckt, es seien hier erotische Geheimnisse im Stil der antiken Hetärengespräche zu erwarten. Kommt hinzu, daß der freizügige Franzose Nicolas Chorier 1659 seine lateinisch verbrämten *Gespräche der Aloisia Sigaea* in die Welt hinausgeschickt hatte; ein durchaus skandalöses Werk, in dem zwei sinnenfreudige Kusinen namens Tullia und Octavia variantenreich über die Unterschiede zwischen stechenden Wanzen und zustechenden Lanzen usf. debattieren. Die englische Übersetzung ließ nicht lange auf sich warten. Sei es als *Zwiegespräch zwischen einer verheirateten Dame und einer Jungfrau* (1688) oder als *Dialoge zwischen Tullia und Octavia* (1707) – der Gentleman wußte, was ihn hinter solchen Titelseiten erwartete. Und es ist genau dieses vermeintliche Wissen, das sich Mandeville bei seinem Damengespräch von 1709 zunutze macht: Der Titel ist in gewissem Sinne Etikettenschwindel, denn statt mit detailgetreuen Beschreibungen priapeischer Orgien wird der Leser tatsächlich – Mandeville hatte ja nichts anderes exponiert – mit einer in der Tat etwas zickigen *unverheirateten älteren Dame* konfrontiert, die sich mit ihrer vorlauten Nichte in einen längeren Disput über die moralischen Implikationen der weiblichen Existenz einläßt.

Mandeville ist ein Liebhaber des philosophischen Dialogs, verstanden als diskursives Lehrgespräch, und also ist seine *Demaskierte Jungfrau* auch zu lesen als ein solches: Die ältere Dame – Lucinda – figuriert trotz ihres zölibatären Standes als weltgewandte Lehrerin, die jüngere, Antonia, ist diejenige, der die gar verträumten Augen noch zu öffnen sind. Im Vorwort (welches übrigens – den großen Meister Laurence Sterne ausgenommen – eine der witzigsten Satiren über das Vorwortschreiben selbst enthält) sagt Mandeville an einer einzigen Stelle unmißverständlich, was er mit der *Demaskierten Jungfrau* bezwecke: Er wolle junge Damen darüber informieren, welche Schrecken und Abscheulichkeiten die Ehe für Frauen mit sich bringen könne, und deshalb habe er auch eine erklärte Gegnerin des Ehestandes zu seinem Sprachrohr erkoren. Leider aber bringe der Fortgang der Gespräche notwendig mit sich, daß die beiden Frauen sich auch über politische Dinge ausließen. Wer ihm das übelnehmen wolle, solle sich daran erinnern, daß Erasmus in seiner *Ichthuophagia* einen Metzger und einen Fischhändler viel abstrusere Themen verhandeln lasse – folglich dürfe man doch wohl den Frauen das bißchen Politik nicht verübeln.

Zu Beginn des ersten Dialogs finden wir Antonia tatsächlich mit nacktem Busen – aber das ist auch eine der wenigen anzüglichen Stellen. Denn die Tante greift sogleich ein – »Hier Nichte, ist mein Taschentuch, bedecke dich ... ich kann es nicht ertragen, wie deine nackten Brüste sich heben und senken, mir wird übel vom Zusehen.« Daraufhin wirft sich die Tante kräftig ins Zeug und erzählt dem blauäugigen Mädchen die Lebensgeschichte von Aurelia und diejenige von Leonore; zwei Gruselgeschichten von der Ehe, wie sie schlimmer nicht sein kann: Verführung, Entehrung, Spielleidenschaft und Trunksucht, Ehemänner, die ihre treuen Frauen in die Prostitution treiben – ein sozialer Realismus, der uns das achtzehnte Jahrhundert von seiner Rückseite zeigt. Mandeville bleibt, erstaunlich genug, auf der Seite der Unterlegenen, und das sind in der *Demaskierten Jungfrau* eindeutig die Ehefrauen. Allerdings überrascht das nicht wirklich. Mandevilles Fähigkeit, in der seit Zeiten virulenten *Querelle* zwischen Männern und Frauen mit Redlichkeit und Einfühlungsvermögen auch die Argumente der Frauen einzubringen, läßt sich im großen Gewebe seiner Schriften leicht verfolgen. Dennoch versteht sich der Autor keineswegs als Anwalt eines »schwachen« Geschlechts, denn schwach sind die Frauen gerade dann nicht, wenn sie mit vollem Einsatz auf die Karte Weiblichkeit setzen.

Wenn Choderlos de Laclos 1782 – also fast fünfzig Jahre nach Mandevilles Tod – seine Marquise de Merteuil mit unterkühlten Sinnen ihre Geschlechterballistik exekutieren läßt, wenn sich die Heldin die Schnürbrust wie einen Panzer umbindet und die Finissage ihr Gesicht zu einem Visier verhärtet, dann ist eine Materialschlacht angesagt und gewiß kein Rosenkrieg. Die Beziehungen zwischen den Geschlechtern sind hochgefährlich, immer labil und weitaus anfälliger für Krisen und Schwankungen als die sensibelsten Güter auf dem *Stock Market*. Deutlich vor Laclos weiß Mandeville, daß kein Text seinen Gegenstand so sehr verstellt, verbrämt und verfehlt wie der vermeintliche Liebesdiskurs: ein säuglingsgleiches

Brabbeln, zu dem Menschen Zuflucht suchen, wenn sie versuchen, als Geschlechtswesen zu agieren und ihren Sinnen Erleichterung zu verschaffen. Wie sehr Laclos' *Gefährliche Liebschaften* als decouvrierendes Skandalwerk gelten, so wenig originell sind sie, wo es um die Wahrheit der Geschlechterökonomie geht. Da hatte Mandeville schon zu Beginn des Jahrhunderts mehr und Deftigeres über den schwankenden Kurs der weiblichen Keuschheit und der männlichen Potenz mitzuteilen, als der Franzose dann noch wagte, seinem vorrevolutionär erregten Publikum weiterzugeben. Wer nach den wahren Bewegungsgesetzen der Gesellschaft fragt und sich nicht scheut, unbequeme Wahrheiten ins Licht zu stellen, sieht wohl auch keinen Anlaß, so zu tun, als ob die Verhältnisse zwischen den Geschlechtern sich nicht auch unter der Logik eines subtilen Systems von Bedürfnis und Bedürfnisbefriedigung begreifen ließen. Hier aber sind die süßen Dichterworte der Liebe, die ermatteten Seufzer, die *Achs!* und *Ohs!* fehl am Platz. Der kühle Analytiker schaut hinter die Larven und unter die Perücken, und er weiß, daß ein frisches und wohlgepudertes Décolleté mehr bietet als nur einen reizenden Anblick – nämlich: nacktes Kapital für den galanten Warenhandel zwischen den Geschlechtern.

Remark H oder:
Eine Reportage aus dem Amsterdamer Hurenviertel

Freilich: Genau diese leicht mechanische Hinteransicht der Kosten- und Nutzenrechnung, diese ökonomische Physiologie der Geschlechter ist es, die Bernard Mandeville schnell ins Feuer kommen läßt. Denn es ist eines, Gesetzmäßigkeiten zu erkennen, ein anderes, die angemessene Form für deren Mitteilung zu finden. Konkreter: Das Jahr 1714 bringt Mandeville zwar doppeltes schriftstellerisches Glück, denn es erscheint nicht nur eine zweite Auflage seiner *Demaskierten Jungfrau* von 1709 (unter dem noch verkaufsträchtigeren Titel *Die Mysterien der Jungfräulichkeit*), sondern auch noch die schon erwähnte, mit einem Kommentar erweiterte Ausgabe der *Bienenfabel,* auch sie mittlerweile ein Verkaufsschlager. Um seinem paradoxen Lehrsatz – die Laster der Einzelnen verbinden sich zum Wohl des Ganzen – mehr Plausibilität zu geben, hatte Mandeville der Fabel einen längeren Kommentar in Form von *remarks* angehängt. Anmerkung H betraf just den philosophischen Kern seiner These, nämlich die wunderbare Transformation des Schlechten zum Guten, also die Verse:

Was sich sonst gänzlich ist entgegen,
Hilft sich, als wär's des Trotzes wegen.[21]

Eines der Beispiele, das sich Mandeville zur Erläuterung dieser wahrhaft negativen Teleologie erwählt, ist etwas heikel. Nachdem er zunächst, durchaus stringent, erläutert hat, inwiefern gerade die religiöse Dissidenz – die Hugenotten und die Reformationskirchen – zur Mäßigung des vormals dekadenten katholischen Klerus beigetragen haben, geht er, erfreut von der Logik des Paradoxons, noch einen Schritt weiter. »Wer möchte glauben«, heißt es da, »daß tugendhafte Frauen unwissentlich der Prostitution Vorschub leisten, oder – was noch paradoxer erscheint –, daß die Unsittlichkeit zur Erhaltung der Keuschheit beiträgt? Und doch ist nichts wahrer.«

Es sind kurze sechseinhalb Seiten, die Mandeville in der Anmerkung H der *Bienenfabel* auf die Erklärung seines Prostitutions-Paradoxons verwendet; Seiten und Sätze, die zeigen, daß er zwar weiß, wovon er reden will, daß er aber seinen Gedankengang noch nicht mit der ausgefeilten Syllogistik eines philosophischen Geschlechterkundlers ausgestattet hat. Doch er läßt seinen Beobachtungen und Schlußfolgerungen die Zügel recht frei schießen. Wenn ein junger Mensch in der Kirche die hübschen jungen Damen in ihrem Sonntagsstaat studiert hat, ist er nach dem Kirchgang begreiflicherweise erregt, möchte seine Triebe befriedigen und eilt, da ihn die ehrbaren Frauen und Fräuleins nicht erhören, folglich zu solchen, die sich aus der Anhörung hitziger Männer einen Beruf gemacht haben. So weit, so gut. Wer wollte, so Mandeville ironisch, den ehrbaren Damen, diesen »lieben Seelen«, einen Vorwurf daraus machen, daß sie ihren Busen für den Kirchgang manierlichst ins Bild setzen, schließlich wollen sie nur sauber und modisch, entsprechend ihrem Stand eben, gekleidet sein – wir kennen das Argument aus der *Demaskierten Jungfrau*. Wenn aber Kurtisanen und Dirnen mit der Strenge verfolgt werden, wie es neuerdings von »einfältigen Leuten«[22] gefordert werde, dann ade, Tugend der ehrsamen Gattin, der hoffnungsvollen Mädchenblüte. Der Lehrsatz ist klar: Die professionelle Prostituierte garantiert die Bewegungsfreiheit der professionellen Ehefrau und Tochter. Weise seien jene Politiker, die erkannt hätten, daß kleine Mißstände ertragen werden müssen, damit größere verhindert werden können. Folgt das Beispiel der Hafenstadt Amsterdam, wo manchmal an einem einzigen Tag sechs- bis siebentausend Seeleute an Land kommen und mit ihrer Brunst auch die ehrbaren Viertel der Stadt überschwemmen würden, hätte nicht eine weise Regierung eine Anzahl von Häusern eingerichtet, »in denen Frauenzimmer ebenso öffentlich vermietet werden wie Pferde in einem Mietstall«.

Sichtlich beeindruckt von der Klugheit der Amsterdamer Stadtregierung, zögert Mandeville keinen Augenblick, seinen Leser mit einer drastischen Reportage über die Verhältnisse im Amsterdamer Bordellviertel aufzuklären; ein Bericht, der aber dennoch durch seinen Ton erstaunt, denn Mandeville gibt sich hier – was sonst nicht seine Rolle ist – als reichlich konventioneller Sittenrichter, der weiß, was »sich gehört« und was nicht. Es sind vor allem die Adjektive, die plötzlich den Ton einer selbstgerechten Wohlanständigkeit zu atmen beginnen – als ob sich der Verfasser bei der Bordellfrage aus taktischen Gründen die Maske des entrüsteten Kirchgängers umgehängt hätte: Die Amsterdamer Häuser befinden sich ausschließlich »im ordinärsten und unsaubersten« Teil der Stadt, wo Menschen »niederen Standes« wohnen, die entsprechenden Straßen haben einen »berüchtigten« und »üblen« Ruf in der ganzen Nachbarschaft, es herrschen viel »Gemeinheit« und »Zuchtlosigkeit« (– aber doch nicht ganz soviel wie in den englischen Schauspielhäusern; eine Stichelei, die Mandeville trotz aller Taktik nicht unterdrücken kann). Besonders schlecht kommen die Amsterdamer Dirnen weg. Sie sind »stets der Abschaum des Volkes«, ihre Kleidung ist »auffallend geschmacklos«, sie haben ein derart »linkisches Wesen«, »grobe Hände« und »gewöhnliche Manieren«, daß – man meint, einen Vertreter des Oberhauses sprechen zu hören – kaum Anlaß für die Befürchtung gegeben sei, Vertreter der »besseren Stände« würden von ihnen in Versuchung geführt.

Kurz und gut: Die Sache ist im Einzelnen zwar abscheulich, im Ganzen aber segensreich für die ehrbaren Bürger, die Stadt und auch die Stadtkasse, denn die klugen Politiker haben aus ihrer Toleranz ein munter sprudelndes Gebührenwesen abgeleitet. Und mehr scheint Mandeville 1714 auch gar nicht sagen zu wollen; kein Wort der Kritik an der sozialen Verelendung der Prostituierten, an den Standards einer doppelten (männlichen) Moral, die nach privat genossenen Freuden öffentliche Tugend predigt. Wenig mutig auch der Schluß der Anmerkung H: Wie wenn Mandeville sein ungebührliches Einstehen für öffentliche Bordelle rückversichern wollte, fügt er noch einen langen, fast wörtlich aus Bayles *Kometenbuch* von 1708 abgeschriebenen Passus über die italienischen Bordelle hinzu. Und ganz zum Schluß einmal mehr die Konklusion, die so tut, als ob das Thema Prostitution nur deswegen gewählt worden sei, weil es sich so hervorragend für paradoxe Philosopheme eigne: »Aus allem Gesagten erhellt, daß eine Notwendigkeit besteht, einen Teil der Frauen zu opfern, um den anderen zu erhalten und eine Sittenverderbnis noch scheußlicherer Art zu verhindern. Woraus ich denn mit Recht schließen zu dürfen glaube, daß Keuschheit durch Unsittlichkeit aufrechterhalten wird, und die höchste der Tugenden der Beihilfe der schlimmsten der Laster bedarf, – was das scheinbare Paradoxon war, mit dessen Beweis ich mich befaßt habe.«[23]

Zehn Jahre später – die ›Modest Defence‹

1724 ist vieles wieder anders. Mandeville hat nicht nur seine distanzierte Zurückhaltung hinter der Bürgermaske aufgegeben, sondern überhaupt das ehemalige »Amsterdamer« Geschehen in die unmittelbare Londoner Realität transferiert. Denn das Prostitutionsproblem ist längst nicht mehr eines der »anderen«, sondern es findet hier, im Vereinigten Königreich England, statt, und zwar vor den Augen eines jeden, der sehen kann und sehen will. Verelendete Huren, ein kaum verdeckter Mädchenfleischmarkt in elenden Gossen, Geschlechtskrankheiten, krakeelende und betrunkene Freier, die nach ein paar billig erstandenen Stößen ihren Unterleib wieder in ein Ehebett zurücktragen, das längst nicht mehr keusch, sondern beschmutzt ist von französischen Krankheitsflecken. Überall wird herumgehurt. Ein einziges Wort reicht aus, um die wüste Szenerie zu beschreiben – *whoring*. Daß die Gegenwart sich als englische Realsatire zeigt, ist Gegenstand des Titelblattes; ein Titel übrigens, der nicht nur schreit und auffällt und also beste Werbung ist, sondern der nun auch mit Ironie aufwartet. Der Autor der *Bescheidenen Streitschrift für Öffentliche Freudenhäuser* spielt mit den Doppeldeutigkeiten; unter einen Haupttitel, der Anstand und Sittsamkeit suggeriert – das kleine Wörtchen *modest* darf man schon einmal mit »keusch« übersetzen –, setzt er einen kräftig kontrastierenden *Versuch über die Hurerei*; eben so, wie sie bei den anständigen Bürgern jetzt und täglich aufs unanständigste *praktiziert* wird.

Doch die Wortspiele mit dem Anständigen und dem Unanständigen markieren vor allem, daß hier kein Vertreter einer rigoristischen moralischen Reformgesellschaft spricht, sondern einer, der die Dinge beim – unanständigen – Namen nennt und im übrigen seinen gesunden Menschenverstand gebraucht. Daß Mandeville sich auf dem Titelblatt als *Laie* zu erkennen gibt, läßt sich auch gleich wieder ironisierend verwerten. Ein Laie in geschlechtlichen Dingen ist er nämlich durchaus nicht, aber er ist insofern ein Laie, als er kein Kirchenmann ist, und hier liegt die Stoßrichtung des Textes. Die Vertreter der Kirche und der von ihnen fanatisierten parareligiösen *Reforming Societies*[24] gehören zu denjenigen, die Laien sind in den Angelegenheiten der Geschlechter, »wie sie wirklich sind«. Was wißt ihr eigentlich vom Menschen als Geschlechtswesen? Sind nicht all eure Sittenreformversuche nicht nur fehlgeschlagen, sondern haben die von euch kritisierten Verhältnisse nur noch verschlimmert? Sind es nicht eure Köpfe, die man reformieren muß, indem man sie endlich mit einem realistischen Menschenbild konfrontiert? Auf welchem Stern lebt ihr?

»Die Glaubwürdigen«. Eine Prostituierte beim Trickdiebstahl am Eingang zum Pariser *Palais Royal*, kurz nach der Revolution.

Prostitution, Bordelle und käufliches Menschenfleisch sind im achtzehnten Jahrhundert so alltägliche Phänomene, daß es müßig erscheinen mag, darüber noch zu berichten. Casanova, Rousseau und unzählige andere haben von den französischen Verhältnissen, von den fünfzehnhundert Huren, die sich täglich im *Palais Royal* in Paris versammeln, und ihrem munteren Treiben abundante Schilderungen hinterlassen.

London steht Paris in dieser Hinsicht kaum nach. Auch das ließe sich getreulich belegen, man öffne etwa *Das Geheime Tagebuch* von Samuel Pepys, man betrachte William Hogarths Bildfolge über den *Lebensweg einer Liederlichen*, man folge Casanovas Erkundungen der Londoner Damenwelt im neunten Band der *Geschichte meines Lebens*, und nachdem wir uns durch Clelands *Fanny Hill*, Defoes *Moll Flanders* und Richardsons *Pamela* durchgelesen haben[25], können wir gleich noch einen liebestollen Lichtenberg im April 1770 bei seinen Gängen durch die Londoner Innenstadt begleiten: »In London ist alles feil, was man in andern Ländern gar nicht ums Geld bekommen kan, und was man gantz umsonst hat, alles durch einander zu allen Stunden des Tags in allen Strasen auf allerley Art zubereitet, gekleidet, gebunden, gefaßt, gepackt, ungebunden, geschminckt, eingemacht, roh, parfümirt, in seiden und in Wolle, mit oder ohne Zukker [...]. So bald man den Fuß in Engelland sezt, (ich setze aber voraus daß man noch etwas mehr hat als Füße:) so fällt, dem Studenten sowohl als dem Philosophen und dem Buchhändler, so gleich in die Augen die außerordentliche Schönheit der Frauenzimmer, und die Menge dieser Schönheiten, dieses nimmt immer je mehr und mehr zu, je näher man London kommt. Wer sich von dieser Seite nicht recht sicher weiß, für den weiß ich nur ein eintziges Mittel: Er gehe sogleich mit dem nächsten Packetboot nach Holland zurück, da ist er sicher.«[26]

Dieses (und mehr) berichtet ein enthusiastischer Lichtenberg seinem Gevatter im heimischen Göttingen, und zurück nach Holland ist er durchaus nicht gegangen, denn er war ein Genießer mit offenen Augen und empfänglichen Sinnen. Mandeville hingegen, ansonsten kein Verächter sinnlicher Freuden, kennt die wirklichen Verhältnisse in den Londoner *Bagnos* um so vieles besser als der spätere Tourist aus Göttingen, daß ihm darob kein Quentchen Enthusiasmus, sondern fast nur noch Entrüstung, Scham und beißende Kritik bleiben. Und deshalb sehen wir ihm 1723 dabei zu – man vergesse nicht: nachdem seine Antwort gegen die Verleumdungen, denen er als Autor der *Bienenfabel* ausgesetzt war, nichts gegen die öffentliche Dummheit und die gewollten Mißverständnisse vermocht hat –, wie er den Rest vornehmer Zurückhaltung fahren läßt, unter die anonymen Autoren geht und mit giftiger Feder in den Krieg zieht gegen die sauberkeitsfanatischen Reformapostel.

Pornographischer Etikettenschwindel

Nein, die *Modest Defence* ist keine pornographische Schrift und auch kein »skandalöses Stück«, wie es in Deutschland geheißen hätte. Aber sie deckt mit den Mitteln der Ironie und des literarischen Realismus Verhältnisse auf, die skandalös sind. Ob wir nun Mandevilles Feder mit derjenigen von Henry Fielding vergleichen oder nicht (ein Geschäft, das wir den Experten für Literaturgeschichte überlassen wollen) – schon *Widmung* und *Vorwort* zeigen unmißverständlich, aus welcher Richtung der Wind weht: Mandeville ist nicht nur – das Wort *clandestinely* findet sich wie ein semantisches Signal zu Beginn des Vorwortes – mit einigem Pomp unter die klandestinen Autoren gegangen. Noch mehr. Er zieht sich mit dem *Phil-*

Porney auch noch eine vermeintlich unanständige Maske über, hinter der sich eine seriöse Anklage und ein ernsthafter Verbesserungsvorschlag gerade deshalb so gut verstecken können, weil der Leser sich lange verwirren läßt von einer literarischen Strategie, die so tut, als ob das Ganze nicht viel mehr als ein lustvoll lästerndes Quodlibet zwischen Eindeutigkeit und Zweideutigkeit sein wollte. Oder präziser: Die *Modest Defence* ist einer der maliziösesten unter den klandestinen Texten gerade deshalb, weil sie den Leser mit den üblichen Zweideutigkeiten zunächst in freudige erotische Erwartung versetzt, um ihn dann – gleichsam als ertappten Sünder – zu den sozialen Auswüchsen der »Hurerei« hinzuführen, »wie wir sie heute alle praktizieren«. Freilich ist von Triebverzicht nirgends auch nur die geringste Rede. Im Gegenteil. Was die Menschen hinter den Hosenställen bedrängt und unter den Röcken kitzelt, ist eine großzügige Zugabe Gottes auf unsere kargen irdischen Teller; eine Kostbarkeit, die wir nicht mißbrauchen, aber auch nicht schmähen sollten.

Weshalb aber plädiert Mandeville nicht ganz einfach für ein *laissez faire* des Triebes, für eine lustvolle *libertinage*? Weshalb dieses »triebbegrenzende« Konzept für reichlich streng und unsinnlich regulierte öffentliche Bedürfnisanstalten, deren Beschreibung uns mitunter mehr an *urinoirs* denn an Freudenhäuser erinnert? Mandevilles Bordell-Text ist ein Sowohl-als-auch; ein Hin und Her zwischen Entgrenzung und Begrenzung. Und es ist wohl vor allem das Oszillieren zwischen einem lasziven Plädoyer für Sinnesfreuden und der sich dann wieder einstellenden Pathosformel von Sauberkeit, Tugend und Moral, das keinen Leser auf eindeutige Kosten kommen läßt – für den Tugendapostel hat es zuviel »Trieb« in der Schrift, für den Liederlichen zuviel »Moral«. Ein gescheitertes Konzept, möchte man meinen; eines, das niemanden begeistert und nur den Zensor verwirrt.

Doch Mandeville weiß sehr wohl, weshalb er das tut. Die in der Widmung angesprochenen »ehrbaren Herren« der Sittenreformgesellschaft werden zwar gestäupt und lächerlich gemacht, aber sie bleiben dennoch Adressaten, die es – zusammen mit dem Rest der Welt – zu überzeugen gilt. Wo aber ist die Gemeinsamkeit, die Politiker und Pfarrherren, Anstandsdamen und Lustmolche, Philosophen und Huren zu einen vermag? Daß sie alle Lebewesen sind, die ihre Bedürfnisse befriedigen wollen, und daß sie sich meistens anders geben, als sie sind. Genüßlich sehen wir unseren »pornographischen« Autor Belegstellen für all die Praktiken zusammenstellen, deren sich die philosophischen Helden der Antike befleißigt haben. Die *Widmung* (hier Seite 13 ff.) ist, was die Anekdoten über das Sexualleben der antiken Philosophen betrifft, drastischer als die Vorlage, von der sich Mandeville inspirieren ließ, und als Vorlage diente Mandeville ganz eindeutig der fünfte Abschnitt aus dem Dritten Buch von Montaignes *Essais*: *Über einige Verse des Vergil.*

Wer den Menschen wirklich studiert hat bei seinen Alltagsgeschäften und nicht im Sonntagsstaat, der sieht, daß die Anthropologie mehr Überraschungen feilhält als der Gemischtwarenladen eines Krämers. Und also gibt es mindestens so viele ehrbare Huren, wie es unanständige Pfarrer gibt, und wer das nicht weiß, lebt in den Wolken. Wer es aber weiß und nicht wahrhaben will und auch noch Politiker ist, den soll der Teufel holen, denn er schadet nicht einfach »nur« dem abstrakten Menschen, sondern ganz konkret jenen jungen Mädchen und Frauen, die täglich und in vielen Fällen unverschuldet und mangels Alternative in der Gosse landen, während die vielen Nutznießer dieser Lustarbeiterinnen – Zuhälter, Sittenrichter, lüsterne Ehemänner, predigende Politiker und andere Doppelmoralisten – sich fein heraushalten und doch bald die nächsten ins Elend ziehen. Es ist eine Art Quadratur des Lust-Zirkels, an der Mandeville arbeitet und für die er seine unzähligen Bordell-Syllogismen – als handelte es sich um einen philosophischen Beweis – aufeinanderbaut; Schicht um Schicht, Argument um Argument.

Obersatz – Untersatz – Konklusion, das ist das Musterblatt für viele der Argumentationen: Es brennt bei den Männern, es brennt bei den Frauen, ergo sollen sie zusammenfinden. Oder: Nun gibt es aber die Franzosenpest, diese ist tödlich, also müssen wir sie verhindern. Schließlich: Eine Frau hat sich angesteckt, nun muß sie behandelt werden, also brauchen wir Spitäler. Und so fort. Auf diese geradezu schulmäßige Weise räumt Mandeville die meisten der möglichen Einwände aus. Und wir wollen nicht bestreiten, daß sich in diesen seitenlangen Argumentabfolgen gelegentlich eine reichlich mechanische Biologie präsentiert; es sind vor allem die Männer, die »so sind, wie sie sind«, will heißen: tendenzielle Triebtäter, die sich holen – sofern es ihnen über längere Zeit vorenthalten wurde –, was die Natur als Triebwerk nun einmal in ihre Organisation hineingelegt hat. Auch darf sich, wer will, an Mandevilles streckenweise allzu utilitaristischer Gedankenführung stören. Da ist keine romantische Liebesmetaphysik, von der Natur zwischen den Geschlechtern installiert, sondern ein System von klaren Bedürfnissen und ebenso klaren Handgriffen der Befriedigung. Auf diese Grundlage läßt sich eine Sexualökonomie stellen, die frei von Zweifeln und amourösen Kursschwankungen ist – und deshalb braucht es auch wenig Phantasie, die Warenlogik des Frühkapitalismus *mutatis mutandis* auch auf die Prostitution zu übertragen: Wenn die Prostitution einmal vernünftig geregelt ist, so wird sie zu einem puren Tauschgeschäft, das kaum weniger unmoralisch ist als eben – das Vermieten von Pferden in einem öffentlichen Mietstall. Und noch mehr (hier sehen wir unsern Phil-Porney im Gewand und mit den Sorgenfalten eines obersten Landesvaters, der sich rührend um die Geschicke seiner Untertanen kümmert): Wer wollte eine Institution unmoralisch nennen, die uns durch ihr schlichtes Funktionieren von einigen der größten Sorgen unserer Zeit befreit – soziale Verelendung, Kindstötung, Entvölkerung und Entkräftung der Nation, Geschlechtskrankheiten mit ihren ruinösen und eheschädlichen Folgen?

Die Frage ist rhetorisch. Mandeville ist ein geschickter Verkäufer seiner Vision. Wie ein von außen in einen maroden Betrieb hineingeholter *troubleshooter* schaut er auf die Firmenprobleme von »England, Irland & Co.« und teilt nach einer kurzen Analyse mit, was er herausgefunden hat: nämlich daß die düsteren Moralvorstellungen der Geschäftsleitung völlig überholt sind, daß hingegen ein paar firmeneigene Vergnügungsanlagen die Geschäftsbilanz wieder auf Vordermann bringen würden, indem so letztlich der Materialverschleiß minimiert werden könne. Kleiner Einsatz – großer Gewinn, das ist die Zauberformel. Wir opfern einige wenige Frauen und sparen dadurch ein Vielfaches an Zeit, an Menschenleben und an Tugend. Welcher Geschäftsmann wollte sich dieser Logik verschließen?

Von den Kursschwankungen im Liebesleben

Ich meine aber, daß Mandeville die Rolle des geschäftstüchtigen Ökonomen nur so lange spielt, als sie seiner rhetorischen Strategie dienlich ist. Der *homo oeconomicus* ist streckenweise aufgesetzt und fungiert mitunter wie ein Schutzpanzer für den sensiblen Zeitgenossen und den liebeserfahrenen (Ehe)Mann, der mit dem kritischen Auf und Ab der Zuneigung zwischen den Geschlechtern vertraut ist. Gerade die Stellen, die von weiblicher Anatomie und Biologie handeln, sind Fundgruben für eine durchaus moderne Geschlechterpsychologie, und wer die *Modest Defence* aufmerksam gelesen hat, wird einräumen, daß wir nicht auf Diderots Fußnoten zur weiblichen Sexualphysiologie warten müssen, um etwas über die Funktion der Klitoris zu erfahren[27]. Und obwohl Arzt, ist Mandeville doch auch nicht einfach ein Körper»mechaniker«; seine Innensichten aus dem großen Buch des menschlichen Balzrituals mögen uns das beweisen.

Das ist das eigentlich Überraschende an der *Modest Defence*: Daß sie eine für das frühe achtzehnte Jahrhundert einfühlsame und differenzierte Geschlechterpsychologie enthält, die nicht nur einen Blick für das Gleiche – etwa die gleiche sexuelle Erregbarkeit der Frau –, sondern auch für das Unterschiedliche im sozialen Code der Geschlechter hat. Mandeville weiß um die Macht des Eros und toleriert ausdrücklich die kleineren und größeren Listen, mit denen Frauen ihren Wert auf dem sozialen Glatteis geschickt zu steigern verstehen. Die weibliche Tugend? Sie ist eine schlaue Erfindung, eine vergoldete Chimäre, mittels derer die Frauen, sofern sie klug genug sind, ihren Preis auf dem Liebes- und Ehemarkt um ein Gehöriges vermehren können. Überhaupt scheinen die Frauen diejenigen zu sein, die ihre Sinne und ihren Verstand weitaus besser in Einklang zu halten verstehen als die Männer, vor deren Hitze auch die stärkste Philosophenvernunft irgendwann einmal kapituliert. Auch wird, wer Mandeville dabei zuhört, wie er über das Liebesgleichgewicht in der Ehe philosophiert und durchaus hellsichtige Thesen über natürliche und künstliche Keuschheit aufstellt, nicht sagen können, hier ziehe einer die Feder über das Papier, dem es an Erfahrung und Originalität fehlte. Im Gegenteil. Da ist ein freier Kopf am Schreiben; einer, der aus taktischen Gründen oft staubiger und konservativer tut, als er wirklich denkt. Manche seiner Empfehlungen für eine glückliche Ehe sind frisch geblieben und noch immer lesenswert. Ebenso scharfsinnig sieht unser *Phil-Porney* schon 1724 jene juristischen Schwierigkeiten der Wahrheitsfindung, die sich unweigerlich dann ergeben, wenn aus Liebe oder Zuneigung Haß wird und die Geschlechter vor Gericht um vergangene Liebeshändel und neue Weltsichten streiten. Gerechtigkeit zwischen den Geschlechtern ist ein rares und flüchtiges Gut. Mandeville, scharfsichtig, hat das verblüffend früh erkannt.

Bleiben der Witz und die Ironie. Die sind ihm meist Waffe und Schützenhilfe, gelegentlich aber auch eine kleine Versuchung – wie oft sehen wir ihn, wie er sich selbst bei der Nase nimmt und dem Leser verspricht, das ernsthafte Anliegen ohne allzu überbordende Späßchen zu traktieren. Es sind die Doppeldeutigkeiten der Ironie, mittels derer Mandeville im Text einen Gedankenfreiraum zu schaffen versteht, der über die enge Bedeutung der Worte hinaus ins Assoziationsgeschäft des Philosophen führt. Und jener Leser, der die Ironie einer Wendung erkennen kann, ist im Grunde ein Komplize; einer, der schon gewonnen und auf der »richtigen« Seite ist. Mit *understatement* – dem englischen Heimathafen für die Federübungen der Ironie – läßt sich im abschüssigen Gelände zwischen den Geschlechtern manches in liebevoller Schräglage halten, das sonst dumpf aufs Hinterteil fiele. Ich will nun nicht behaupten, daß jede von Mandevilles kunstvollen Metaphern gleich ins Schwarze trifft; es finden sich genialische Wendungen neben schon etwas welken Stilblüten. – Die einen mögen sich über die »Hintertürenschlitze« in den Damenröcken amüsieren (Lichtenberg hätte zu ihnen gehört), andere über die latinisierten Wortspiele, die dem sprachgewaltigen Mediziner bei seiner Gesellschaftsdiagnose gelingen. Überhaupt versteht er, mit Sprache umzugehen. Man achte auf die vielseitige und innovative Verwendung der Metaphern um die *body politick*. Ein Paradebeispiel semantischer Equilibristik findet sich, wo Mandeville über den politischen Nutzen räsoniert, den der Staatskörper durch die staatliche Kontrolle der Körper erzielen kann – da wird Hobbes bis in surreale Dimensionen verifiziert. Unschwer auch läßt sich verfolgen, wie der Autor der *Bienenfabel* die Antagonismen ›öffentlich‹ und ›privat‹ in der *Modest Defence* weiterverfolgt. Doch wo die *Bienenfabel* noch fast ohne Fußnote statuieren konnte, daß der kluge Politiker zuschaut, wie sich aus dem Gewinnstreben des Privatmenschen das Wohl der Öffentlichkeit gleichsam *sans faire rien* generiert, so ist es bei der Prostitution eben gerade umgekehrt. Der kluge Politiker muß etwas tun, und zwar das Richtige: nicht unterdrücken, sondern tolerieren und sachte reglementieren, damit die Verelendung der Privaten nicht zum Schaden der Öffentlichkeit wird.

Man hört das Geschrei schon von weitem – Lustregulative, Bordellkonzessionen, mit Hundemarke und Altersrente versehene Liebesdienerinnen: Was hat das noch mit Eros zu tun? Möglich, daß nicht wenige von Mandevilles Lesern, die sich dem libertinen Zirkel zugehörig fühlten, hier abzuwinken begonnen haben (allerdings: was hätten sie dann zu Rétif de la Bretonnes *Pornographe* von 1769 gesagt? Ein ebenso kleines und deutlich an der *Modest Defence* orientiertes Libell, das, so der Untertitel, *Ideen eines Edelmannes über ein Projekt zur Reglementierung für die Prostituierten* vorschlägt, worin dem Leser dann schließlich fünfundvierzig dürre Paragraphen einer staatlichen Lustpolitik aufgetischt werden, die nun wirklich jeden Lustknaben zum Chorherren werden lassen. Doch dazu später ein kurzes Wort). – Es ist wahr. *Phil-Porney* entwirft ein Bordellreglement, das sich scheinbar widerstandslos in die Gegebenheiten der englischen Klassengesellschaft im frühen achtzehnten Jahrhundert einpaßt, will heißen: schönere und teurere Frauen für diejenigen, die von Rang und Vermögen sind. Das Bordell scheint die Gesellschaft nicht nur zu imitieren, sondern in nuce auch zu repräsentieren. Mandevilles *Modest Defence* ist eben gerade keine »Utopie auf dem Gebiete des Bordellwesens«, wie das *Bilderlexikon der Erotik* klüglich zu befinden meinte. Sondern – Metapher und Ironie zugleich – die Gesellschaft ist ein einziges und überdies ein höchst reales Bordell. Mit den *Publick Stews* hält *Phil-Porney* dem Affen den Spiegel vor, und wen wundert's, daß sich auf dieser Fläche die Hinteransicht jener ehrsüchtigen und auf sozialen Unterschieden insistierenden Gesellschaft zeigt, die Mandeville schon in der *Bienenfabel* analysiert hatte. – Aber seien wir ehrlich: Auch wenn die *Modest Defence* dem Leser eine gehörige Dosis jener von Mandeville früher schon kunstvoll betriebenen Sozialkritik auftischt, so ist *Phil-Porney* doch kein fanatischer Weltverbesserer, sondern einer, der es mit dem Augenzwinkern hält und mit einer läßlichen Anthropologie. Was sind wir doch für sonderbare Wesen. Mit den Füßen im Dreck, mit dem Kopf in den Sternen.

Vom Erfolg eines Waisenkindes

Wir wollen den Leser nicht verlassen, ohne ihm noch zwei, drei Daten über das weitere Schicksal unseres bescheidenen Waisenkindes mitzuteilen, das im Bordell gezeugt und in der Gosse groß geworden ist. Denn auch aus Gossenkindern kann etwas werden (und jene Ökonomen, die im *fabulierenden* Mandeville nur einen frühen Wanderprediger für den ewigen Glauben an Nutzen, Wert und Mehrwert sehen, überlassen wir ihrem nadelgestreiften Weltbild). Ergo: Kaum von einer zweifelhaften Verleger-*Hebamme* unter mißlichen Bedingungen auf die Welt gebracht – aus der »vaterlosen« Geburt seiner *Modest*

Defence schöpft Mandeville schon im *Vorwort* ironisches Kapital –, findet das Kind bald Adoptiveltern. Es ist also durchaus wohlgeraten. Noch im nämlichen Jahr erscheint mindestens eine weitere Ausgabe, wahrscheinlich ein Raubdruck, denn Titelblatt und Ausstattung sind identisch, auch die Paginierung – aber vom ursprünglichen Widmungstitel *To the Gentlemen of the Societies for Reformation of Manners* sind die letzten vier Worte weggefallen, so daß ein uninformierter Leser meinen könnte, angeschrieben seien die Herren irgendwelcher »Gesellschaften«. Der Druck dieser Ausgabe ist ein bißchen verschmiert, einige Druckfehler sind korrigiert worden, dafür sind andere hinzugekommen.[28] 1725 erscheint – hier folge ich Frederick Bernard Kaye – eine neue Ausgabe, zusammen mit einem zweiseitigen Angriff der *Societies for Reformation of Manners* und einem sechsseitigen Antwortschreiben, das wohl von Mandeville selbst stammt. 1740 gibt es zwei neue Ausgaben, eine davon behauptet, die »vierte« zu sein, von einem »Luke Ogle, Esq.« zu stammen und im übrigen eine »Geheime Naturgeschichte der beiden Geschlechter« zu enthalten; die andere sagt von sich, ein Produkt des »kürzlich verstorbenen Colonel Harry Mordaunt« zu sein. Ob Mandeville, der ja da schon sieben Jahre tot war, kräftig gelacht hat in seinem Grab ob der schönen Verwirrung um Werk, Titel, Druckort, Druckjahr und Autor, läßt sich nicht eruieren, wohl aber vermuten. Jedenfalls kommt man von nun an mit den ehernen Gesetzen seriösen Bibliographierens nicht mehr sehr weit; der eine hat diese Ausgabe unter jenem Titel gesehen, der andere jene unter diesem; der Erfolg hat – wie Mandeville es voraussagte – viele Adoptivväter in verschiedenen Ländern angezogen. An englischen Ausgaben zählte Kaye 1921 deren acht (wobei ihm die zweite Ausgabe von 1724 entgangen ist).[29] Bei den französischen Übersetzungen – deren erste, wie schon

TO THE

GENTLEMEN

OF THE

SOCIETIES

FOR

Reformation of MANNERS.

Gentlemen,

THE great Pains and Diligence You have employ'd, in the Defence of Modeſty and Virtue, give You an undiſputed Title to the Addreſs of this Treatiſe; tho' it is with the utmoſt Concern that I find myſelf under a Neceſſity of writing it, and that after ſo much Reforming, there ſhould be any Thing left to ſay upon the Subject, beſides congratulating You upon Your happy Succeſs. It is no ſmall Addition

erwähnt, 1727 als »Venus la Populaire ou Apologie des Maisons de Joye« und mit fingiertem Druckort »a Londres chez A. Moore« erschien – zählt er immerhin deren elf, und die letzte, von der er nicht nur hörte, sondern sie auch sah, stammt von 1863.[30]

Einsichtig ist, daß Vaterschaftsstreitigkeiten nicht ausbleiben, wo ein armes Waisenkind plötzlich ins Rampenlicht tritt. So erstaunt es nicht, daß 1933 J.H. Harder befindet, es sei doch unwahrscheinlich, daß eine so »unmoralische«, da blasphemische Schrift wie die *Modest Defence* von Mandeville stamme; eine wahrlich merkwürdige Argumentation, die dann 1934 auch sofort von R. S. Crane widerlegt wird.[31] Das jedenfalls berichtet Richard I. Cook in seiner kurzen »Einleitung« zur schon genannten Faksimile-Edition der *Modest Defence* von 1973. Doch solche und andere Quisquilien sind Dinge, die den Anglisten Dario Castiglione nicht davon abhalten konnten, 1989 eine schöne italienische Ausgabe der *Modesta difesa delle pubbliche case di piacere* zu präsentieren. Castiglione geht frisch ans Werk und stellt das Bordell-Büchlein etwas gar unmißverständlich dorthin, wo Mandeville es auch hinstellte – aber nicht nur: zu den Satiren. Freilich ließe sich auch da eine kleine Realsatire anschließen. Denn auch wenn Dario Castiglione viel Mühe und mindestens soviel Liebe auf seine *Modesta difesa* verwandt hat, ist ihm doch entgangen, daß eine italienische Übersetzung schon in der Mitte des achtzehnten Jahrhunderts vorlag. Sie ist mir ganz einfach zugefallen, als ich im September 1999 den Katalog der *New York Public Library* durchstöberte. Da nämlich sprang mir ein bis dato unbekannter italienischer Titel in die Augen – *Venere popolare ovvero Apologia delle case di piacere* –, gedruckt in »Cosmopoli, im Zeichen der Reform« und datiert »im Jahrhundert der Ausschweifung«. Der Übersetzer hat *Venus la Populaire* vor Augen gehabt und sich im übrigen

VENERE POPOLARE

OVVERO

APOLOGIA

DELLE CASE DI PIACERE.

Nimirum propter continentiam incontinentia necessaria est, incendium ut ignibus extinguitur.
Senec.

Omne adeo genus in terris, hominumque ferarumque,
Et genus æquoreum, pecudes, pictæque volucres
In furias ignemque ruunt.
Virg. Georg. 3.

Traduzione dall' Inglese.

COSMOPOLI.

All' Insegna della Riforma.
Nel Secolo della Dissolutezza.

recht gut an die Titelblattgestaltung der klandestinen Literatur gehalten. Platz hat er nicht viel gehabt, die Übersetzung ist vollständig, aber sehr gedrängt. Das Druckdatum schätze ich auf 1730 oder wenig später.

IV
Ein bißchen Wirkungsgeschichte

Neben ihrem publizistischen Erfolg hat die *Modest Defence* auch sonst etliche Spuren hinterlassen, was wohl niemanden erstaunt, der sich der Popularität dieses öffentlichsten aller privaten Themen bewußt ist. 1725 erscheint in London *A Conference about Whoring*, 1726 eine *Modest Defence of Chastity*, und ebenfalls schon 1726 diskutiert Daniel Defoe in einer kleinen Gelegenheitsschrift mit dem Titel *Some Considerations upon Streetwalkers* Mandevilles Vorschläge – deren Ironie er aufnimmt, obwohl er ihnen die Praktikabilität abspricht. Ebenso nimmt Jonathan Swift Mandevilles eingängigen Titel – er wird wohl schnell zum geflügelten Wort geworden sein – in seinem *Modest Proposal* von 1729 auf (und wer Swifts *Bescheidenen Vorschlag, um zu verhindern, daß armer Leute Kinder in Irland ihren Eltern oder dem Land zur Last fallen, und um zu bewirken, daß sie der Allgemeinheit zum Nutzen gereichen* konsultiert, kann zwischen Mandeville und Swift allerdings gedankliche Familienähnlichkeiten finden). Ganz zu schweigen von Hogarths *Lebensweg einer Liederlichen*: Diese wohl berühmteste und augenfälligste aller Bildfolgen über die Hurerei erschien just 1732 und mutet überhaupt an wie eine Illustration der von Mandeville thematisierten Dirnenverelendung. Wenn Jenny Uglow in ihrer Hogarth-

Biographie darauf hinweist, es komme einem Geniestreich gleich, daß Hogarth eine Prostituierte zur Heldin seiner ersten »moralischen« Grafikfolgen gemacht habe, so können wir dem nur zustimmen.[32]

William Hogarth, (k)ein Moralist

Hogarth, siebenunddreißig Jahre jünger als Mandeville, hat 1730 gleichsam »aus purem Zufall« – so wenigstens wird berichtet – eine erste Skizze einer in Londons *Drury Lane* tätigen Hure samt Magd gemalt. Das Thema wird zunächst als eher *trifling* – »unbedeutend« – abgetan. In der Folge werden es aber genau diese vermeintlich unbedeutenden, für den Lebensalltag des gemeinen Volkes allerdings höchst konkreten Lehr- und Rührstücke über die moralischen Fallstricke der Existenz sein, mit denen Hogarth zu dem wird, was er uns heute noch ist: Jener Künstler, der wie keiner vor und nach ihm die Lebenswirklichkeit des achtzehnten Jahrhunderts so eingefangen hat, »wie sie eben ist«. Auch Hogarths Mensch ist einer, der mit den Füßen im Dreck steht und den Kopf in den Wolken trägt. Daß Hogarth Mandevilles *Modest Defence* nicht gekannt haben sollte, ist schwer vorstellbar. Nur schon die erste Platte aus dem *Leben einer Liederlichen* thematisiert das unverschuldet in Not geratene Mädchen vom Land, das gleich nach seiner Ankunft in die Fänge von *Mother Needham* gerät, jener berühmten Kupplerin, über die der vom Thema höchst angetane Lichtenberg in seinem Hogarth-Kommentar 1783 zu berichten weiß, sie sei »zu ihrer Zeit sehr berühmt in diesem Fach« gewesen und habe, obwohl sie »ein liederliches Haus« hielt, doch den Charakter einer »Hurenwirtinn« mit dem einer Betschwester zu vereinigen gewußt, insofern sie täglich gebetet habe, »der Himmel möge ihr doch recht viele Kunden

William Hogarth zeigt in der ersten Platte von *The Harlot's Progress* (1732), wie das unschuldige Mädchen vom Land in London ankommt und gleich in die Fänge der Kupplerin Mother Needham gelangt, derweil sich die Umstehenden die Hände reiben.

verleihen, um sie dadurch in Umstände zu versetzen, den schändlichen Handel mit Ehren aufzugeben, und sich ganz der Andacht widmen zu können. Weil sie den weltlichen Theil ihrer Beschäfftigung aber sehr viel eifriger trieb, als den geistlichen, so fiel sie endlich der Gerechtigkeit in die Hände; wurde an den Pranger gestellt, und da von dem Londonschen Pöbel, der sich auf die Bestrafung solcher Sünden fast eben so gut versteht, als auf die Begehung, so äußerst mishandelt, daß sie wenige Tage darauf starb.«[33]

Ähnlich die Platte Nummer 4 mit der berühmten Szene aus dem Frauengefängnis *Bridewell* – auch hier sind die Bezüge zwischen Mandevilles Text und Hogarths acht Jahre später entstandener grafischer Umsetzung leichthin erkennbar.

Wo Mandeville mit sarkastischem Unterton auf die »Bridewellsche Rhetorik« hinweist und darauf, daß die vermeintliche »Besserungsanstalt« nicht unwesentlich zur Verelendung der Huren beiträgt (siehe vorne, S. 18), überträgt Hogarth das nämliche Urteil mit ähnlichem Sarkasmus auf die Kupferplatte, sekundiert schließlich von Lichtenberg, der die Szene zwar genüßlich kommentiert, aber doch so philosophisch, als ob er sich an Gevatter Mandeville wendete: »Was für eine bunte Reihe von Sündern ist nicht hier! nunmehr alle gleich; auch ist würklich hier eine Grabstätte für die Ehre, aus denen die meisten nach kurzer Zeit zu noch größerer Schande auferstehen.«[34]

Der Passungen sind viele. Und wenn wir hier noch hinzufügen, daß sich etwas später auch die berühmtesten unter den französischen Bordellphantasten von *Venus la Populaire* haben anregen lassen, so tun wir das doch mit einem leichten Bedauern. Denn wie weit entfernt von Mandevilles (und auch Hogarths und Lichtenbergs) Allusionen sind doch die Polizeiverordnungen

Die vierte Platte von *The Harlot's Progress*:
Mittlerweile hat »Mary Hackabout« den Weg
aller Prostituierten genommen: Im Zuchthaus Bridewell
lernt sie die dort herrschende »Rhetorik«.

Rétif de la Bretonnes, der sich in seinem *Pornographe* von 1769 umständlich für die Reglementierung der Lust stark macht.

In Rétifs Lustgefängnis

Schon die Rahmenhandlung – ein Briefroman über die Freuden der Ehe, zwischen den ebenso frisch vermählten wie keuschen Chevaliers D'Alzan und Des Tianges hin- und hereilend – ist so ausgesprochen gesucht und bar jeder Ironie, daß sich das darin brieflich vorgetragene Bordellprojekt geradezu skurril anhört: Ganze fünfundvierzig Paragraphen braucht D'Alzan alias Rétif de la Bretonne, bis er alle Eventualitäten und Quisquilien der Lustregulation skizziert hat. Der erste Paragraph handelt von der unbestrittenen »Notwendigkeit der Orte für die Prostitution«; nach ethnographischen und historischen Hinweisen schließt Rétif – durchaus mit Mandeville –, daß die Prostitution zwar ein Übel sei, aber eines, das ein noch größeres verhindere. Deshalb müssen staatliche Bordelle eingeführt werden. Auch das läge noch auf der Argumentationslinie Mandevilles. Dann aber wird alles reguliert, was überhaupt regulierbar ist: Das Bordell ist ein Gebäude von strengem und übersichtlichem Grundriß, der für den Ort der »Warenübergabe« über sechs lange Gänge verfügt, in denen die in sechs Altersklassen – von 14 bis 36 Jahren – eingeteilten Prostituierten nach einem fest eingeteilten Arbeitsplan zu sitzen haben, die häßlichen links, die schöneren rechts. Es gibt keine freie Minute, die Lust ist ein strenges Geschäft, und alles ist mit Tabellen durchberechnet: die Kosten für Staatskleidung, Wasser und Heizung für das vom Staat vorgeschriebene wöchentliche Bad, die sanitarische Kontrolle der Prostituierten wie der Freier, die kleinen Garderobekästchen, worin die Kunden ihre Habseligkeiten zu verschließen haben, die Lohnkosten für die Aufsicht und »Oberaufsicht« des Bordells, für Ärzte, Gouvernanten und Ticketkontrolleusen – und jener Freier, der meint, er könne direkt mit der von ihm gewählten Favoritin handelseinig werden, täuscht sich gewaltig: Er hat an einem Schalter anzustehen, die von ihm gewünschte Schönheits- und Altersklasse sowie die vorgesehene Mietdauer zu deklarieren und entsprechend einer staatlich festgesetzten Preisliste ein Bordell-Ticket zu lösen. Alkoholische Getränke gibt es keine, Spiele sind verboten, und sollte dennoch einmal ein Freier eine Neigung für eine bestimmte Dame empfinden, wird ihm diese mit Sondervorschriften ausgetrieben. Ist ein Mädchen einmal im Bordell gelandet, wird es diesen lustvollen Ort niemals mehr verlassen können.

Rétifs Bordell ist in Wahrheit ein Lustgefängnis, und auf Prostitution steht lebenslänglich. Sogar auf die unehelichen Kinder, die aus dem Staatsbordell entstehen, hat der Staat als ihr legitimer ›Vater‹ eine Art Eigentumsrecht; die Mädchen erhalten zwar eine für die Zeit beachtliche Ausbildung im Singen, Tanzen, Kochen und Handarbeiten, aber die meisten werden wieder den Beruf ihrer Mütter ausüben oder Dienstmägde werden. Die Knaben – so nachzulesen in Artikel 38 – haben als Soldaten in den königlichen Armeen zu dienen. Zuwiderhandlungen werden mit strengen, staatlich festgesetzten Bußen belegt. Und schließlich noch ein kleines Detail, das uns gerade deshalb erstaunt, weil es reichlich untypisch ist für jenen Rétif de la Bretonne, den wir zwischen 1789 und 1793 als gleichsam proto-proletarischen Historiker der *Pariser Revolutionsnächte*[35] kennenlernen werden: Hier, im *Pornographe* von 1769, findet sich ausdrücklich der Hinweis, daß »ouvriers« und »hommes de peine« keinen Zugang zum Bordell haben, denn als Arbeiter sind sie die

LE
PORNOGRAPHE,
OU
IDÉES D'UN HONNÊTE-HOMME
SUR
UN PROJET DE RÉGLEMENT
POUR
LES PROSTITUÉES,

Propre à prévenir les Malheurs qu'occasionne le *Publicisme* des Femmes :

AVEC

DES NOTES HISTORIQUES ET JUSTIFICATIVES.

Prenez le moindre mal pour un bien.
Machiavel, Livre du *Prince*, cap. XXI.

A LONDRES,
Chez JEAN NOURSE, Libraire, dans le Strend.
A LA HAIE,
Chez GOSSE junior, & PINET, Libraires de S. A. S.

M. DCC. LXIX.

nützlichsten Glieder der Gesellschaft. Sie dürfen im Bordell »weder ihre Gesundheit riskieren noch ihre Zeit verlieren«.[36]

Bordellphantasien eines Architekten: Ledoux

Von der Gefängnismoral des Rétifschen *Pornographe* ist es nur ein kleiner Schritt hin zu deren architektonischer Interpretation bei Claude Nicolas Ledoux. Ledoux, der agile Schüler des französischen Architekten und Urbanisten Jacques François Blondel, ist in den Jahren vor der Revolution einer der erfolgreichsten Baumeister der französischen Monarchie. Die kostspieligen *Maisons de Plaisance,* die großartige *Saline de Chaux* und jene berüchtigten Pariser Zollhäuser, gegen die die revolutionären Massen alsbald Sturm laufen sollten, waren von ihm erbaut worden. Dennoch gehört Ledoux zu jenen flexiblen Köpfen, die den Übergang vom *Ancien Régime* zur »neuen« Zeit auf eindrückliche Art schaffen sollten. Während eines fast zweijährigen Gefängnisaufenthaltes, zu dem er von den Revolutionären als ranghöchster königlicher Architekt verurteilt worden war (erstaunlich überhaupt, daß man ihn als Erbauer der verhaßten Zollhäuser nicht am nächsten Laternenpfahl aufgeknüpft hatte), entwirft er ein ebenso utopisches wie ideologisches Werk, mit dem er seine nun zugunsten der revolutionären »Moral« gewandelte Gesinnung beweisen will. 1804 schließlich erscheint dieses bemerkenswerte Opus, mit dem sich Ledoux buchstäblich schreibend und entwerfend den Kopf gerettet hat, indem er seine *architecture parlante* nun bedingungslos den »moralischen« Vorgaben der neuen Zeit unterordnet. Entsprechend geständnisartig auch der Titel – *Die Architektur, betrachtet im Zusammenhang mit der Kunst, der Moral und der Gesetzgebung.*

Wer sich durch die zwei Foliobände blättert, findet ein phantastisches Universum futuristischer Gebäude, deren Grundrisse die neue Sozialmoral einer postfeudalen Gesellschaft widerspiegeln sollen. Zwischen den Plänen für ein *Werkhaus für Waldarbeiter* und denjenigen für eine *Erziehungsanstalt* stößt man unvermutet auf Grund- und Aufriß eines sonderbaren Gebäudes in Phallusform.

Ledoux weiß um die fragile Materie der Lüste, die er hier tangiert – und also spricht er auch nicht von einem Bordell oder, etwas weniger deutlich, von einer Begegnungsstätte der Geschlechter. Der zweistöckige phallische Prunkbau wird vorgestellt als *Oikéma – Fragmente eines griechischen Monuments*.[37] Der erklärende Text läßt immerhin durchschimmern, daß in dem Gebäude nicht etwa der *griechischen* Liebe, sondern der möglichst züchtigen Vereinigung der Geschlechter zur Hebung der »öffentlichen Sitten« gehuldigt werden soll. Die Sätze bleiben kryptisch, und doch wird deutlich, daß Ledoux mit seinem *Oikéma* den Staat zum obersten Sittenwächter in Sachen Sexualität einsetzt. Ob sich hier die pubertierende Jugend erstmals mit den erwachenden Sinnen beschäftigen darf oder ob hier einer über ein futuristisches Freudenhaus phantasiert hat: Das Gebäude kann durchaus gesehen werden als eine wohldurchdachte Besserungsanstalt für renitente Wollüstlinge, die sich bislang weigerten, ihre Libido unter die Oberaufsicht einer auf reichen Kindersegen abzielenden Ehegesetzgebung zu stellen – wohlverstanden: zu Nutzen und Frommen eines starken und kinderreichen Staates. Hier also, in dieser sexuellen Zuchtanstalt, sollen sich die renitenten Herumhurer in den einzig zulässigen Gebrauch der Lüste einüben; eine Art Resozialisierungsprogramm, das den vagierenden Eros wieder zurück zur Norm zwingt.

Ledoux' *Oikéma* erinnert in seinem Grundriß recht deutlich an Rétifs *Parthénion*: Die Lüste sind zwar zuläs-

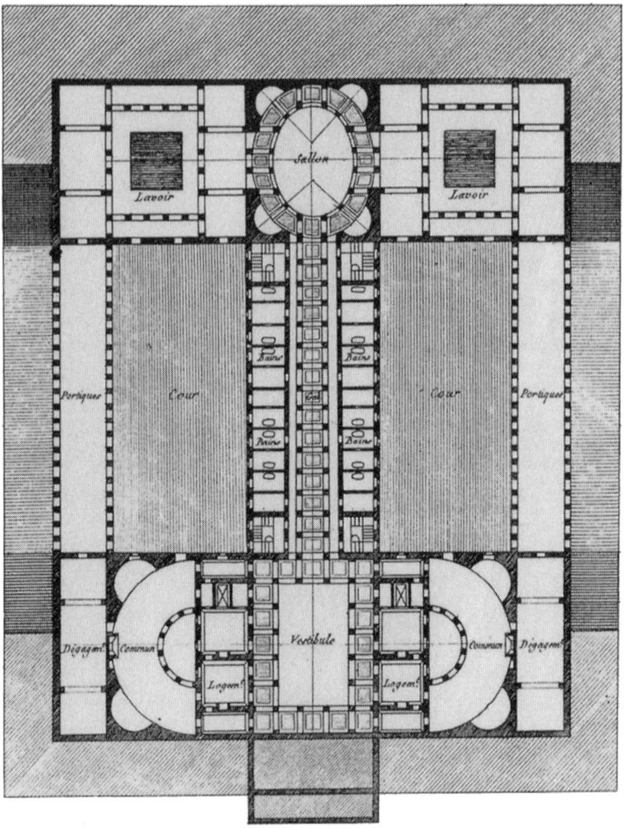
Sallon
Lavoir
Lavoir
Bains
Bains
Portiques
Cour
Cour
Portiques
Bains
Bains
Vestibule
Dégagemt.
Commun
Commun
Dégagemt.
Logemt.
Logemt.

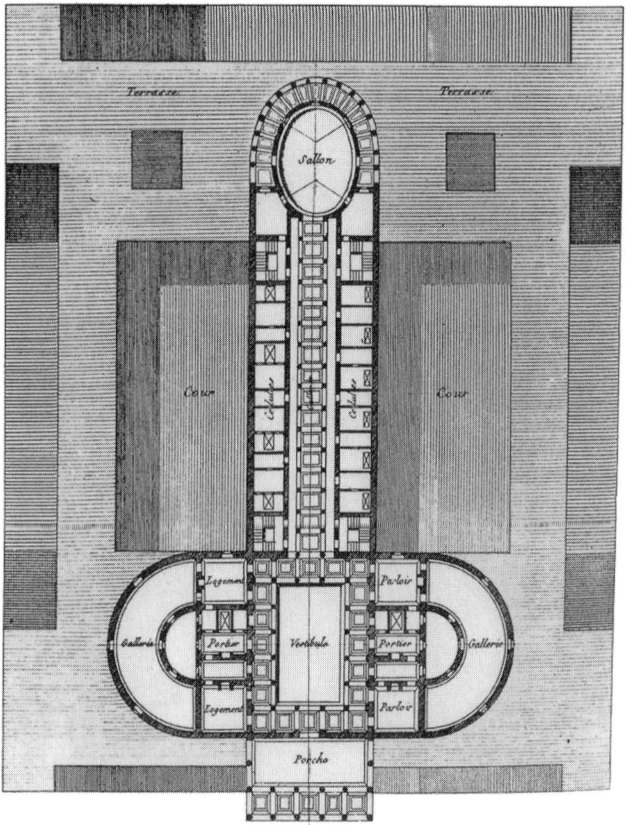

Claude Nicolas Ledoux gibt seiner moralischen Architekturphantasie von 1804 die Bezeichnung *Oikéma*. Der phallusförmige Grundriß läßt den Verwendungszweck des Gebäudes – zwischen Zucht- und Freudenhaus – erkennen.

sig, aber sie haben unter Aufsicht und Kontrolle, nach einem strengen Plan exekutiert zu werden. Eine der gängigen Interpretationen von Ledoux' *Oikéma* geht dahin, daß nur schon geläuterte Sittenverbrecher zu den zwei einzigen schönen Frauen vorgelassen werden, die sich zuvorderst, in dem in der Penisspitze angesiedelten Salon, befunden hätten. Bis sie aber dahin gelangt seien, hätten die staatlich kontrollierten Freier so viele ausgesucht häßliche Frauen zu beschlafen gehabt, daß sie von dieser Form außerehelicher Lust schnell und effizient kuriert worden seien.

*

Was auch immer das Geheimnis von Ledoux' rätselhaftem *Oikéma* ist – es scheint doch recht weit entfernt zu sein von Mandevilles 1724 proklamierten Bordellen. Mandeville, dem Anhänger der *joie de vivre*, ging es um möglichst viel Lust bei möglichst wenig Krankheit und sozialer Verelendung. Seine *Publick Stews* sind in der Tat öffentliche *Freuden*häuser und durchaus keine Besserungsanstalten für Männer. »Verbessern« kann man den Menschen nicht, und schon gar nicht den liebestollen Mann. Und so ist unser Mandeville tatsächlich das, als was er sich ausgibt: *Phil-Porney* – ein Liebhaber der Huren und der menschlichen Triebe, »wie sie eben sind«.

Hat die *Modest Defence* konkrete Wirkungen gehabt? Ich bin mir dessen sicher. Neben der kleinen Freude, die jeder Menschenfreund am Thema und der Art seiner Behandlung haben wird, darf noch folgendes erwähnt werden: Ab 1735 fallen die *Societies for the Reformation of Manners* im englischen Königreich in öffentliche Ungnade. So plötzlich, wie sie gekommen sind, verschwinden sie auch wieder.[38] Man hat genug von Sittenkontrolle, Deportationen und öffentlichem Tugendwahn. Mandevilles kleine Seitenschrift gegen die doppelmoralischen *Gentlemen* mit ihrem polizeistaatlichen Anstandswahn hat dabei wohl munter und listig mitgewirkt. Nicht immer ist das gedruckte Wort vergebens.

Anmerkungen zu Seite 104–161

1 Rousseau freilich legt den Ausspruch über diese ersichtlich onanistische Form der Lektüre einer Dame in den Mund: »... der Zufall unterstützte meine keusche Sinnesart so gut, daß ich mehr als dreißig Jahre alt geworden war, ehe ich meine Augen in eines jener gefährlichen Bücher geworfen hatte, die eine schöne Dame der großen Welt einzig deshalb so unbequem findet, weil man sie nur mit einer Hand zu lesen vermag.« *Bekenntnisse*, Frankfurt 1985, S. 83.

2 Der Leser sei hier an Laurence Sterne: *Leben und Ansichten von Tristram Shandy, Gentleman*, Zürich 1999, Buch III, S. 158, verwiesen.

3 *Private Case* heißt noch heute der »Giftschrank« des *British Museums* in London, also das Magazin für gefährliche und verbotene Bücher.

4 Pascal Pia: *Les Livres de l'Enfer du XVI siècle à nos jours*. Paris, Fayard 1998.

5 Gemeint ist Karl Müller (1796–1873), genannt Saumüller, Verfasser von derben Versen und Liedern in bayrischer Mundart, die besonders beliebt gewesen sein sollen bei kleinstädtischen Herrenabenden in Süddeutschland.

6 Ein Altwiener Dirnenfest, das während der großen Jahrmärkte im Mai und November abgehalten wurde und darin bestand, daß anständige Bürger und öffentliche Damen ein Wettrennen um ein scharlachrotes Tuch veranstalteten. Der Brauch scheint heute abgeschafft zu sein.

7 *Anklage des Obergerichtes*, im Anhang zu Bernard Mandeville: Die Bienenfabel, Frankfurt 1980, S. 402 f.

8 *Versuch über Mandevilles Bienenfabel*, ebenda, S. 8.

9 *The Fable of the Bees by Bernard Mandeville*. With a Commentary Critical, Historical, and Explanatory by F. B. Kaye [= Kaye, *Commentary*], Oxford 1924, vol. 2, p. 381ff. Bei der Darstellung von Mandevilles Vita folge ich im wesentlichen Kaye.

10 *Bienenfabel*, Frankfurt 1980, S. 219f.

11 Zitiert in der Übersetzung von Paul Sakmann: *Bernard Mandeville und die Bienenfabelcontroverse*. Eine Episode in der Geschichte der englischen Aufklärung. Freiburg 1897, S. 7.

12 F. A. Hayek: *Dr. Bernard Mandeville. Lecture on a Master-Mind* [gehalten 1966 im British Museum]. Proceedings of the British Academy 7 (1966), p. 128.

13 *Bienenfabel*, Frankfurt 1980, S. 420.

14 Ebenda, S. 428.

15 *The Life of Samuel Johnson L.L.D. by Sir John Hawkins, Knt.* London 1787, p. 263 f.

16 *Jöchers Allgemeines Gelehrten-Lexikon.* Band 3, Leipzig 1751, Spalte 101.

17 Hermann Hettner: *Literaturgeschichte des achtzehnten Jahrhunderts.* Erster Theil. 6. Aufl., Braunschweig 1912, S. 192.

18 Friedrich Albert Lange: *Geschichte des Materialismus.* Bd. 2, Frankfurt 1974, S. 904 und S. 1005.

19 Siehe etwa Kaye, *Commentary*, 1924, vol. I, pp. cxxxix-cxli und E.G. Hundert: *The Enlightenments Fable. Bernard Mandeville and the Discovery of Society.* Cambridge 1994, p. 219 ff.

20 Der Originaltext findet sich bei Kaye, *Commentary*, 1924, vol. I, p. xxix, n. 6.

21 *Bienenfabel*, Frankfurt 1980, S. 142.

22 Gemeint sind schon in der Remark H der *Bienenfabel* die strengen Gentlemen der *Societies for Reformation of Manners.*

23 *Bienenfabel*, Frankfurt 1980, S. 147.

24 Mandevilles ganze Energie wendet sich gegen die brutalen und schon zu ihrer Zeit äußerst umstrittenen Maßnahmen der Reformgesellschaften. Der englische Historiker William Edward Hartpole Lecky berichtet, daß die Umtriebe dieser Gesellschaften zu Ende des siebzehnten Jahrhunderts derart außergewöhnliche Dimensionen angenommen hätten, daß sich die Bevölkerung gegen sie zur Wehr gesetzt habe. Ursprünglich private Kongregationen, die zur Bibellektüre anhalten wollten, hätten diese Gesellschaften um 1695 sektenartige Züge angenommen. In allen größeren Städten Englands und Irlands hätten sie mit einer *voluntary police* die Bevölkerung drangsaliert und ausspioniert. Und weiter: »As many as seventy or eighty persons were often prosecuted in London and Westminster for cursing and swearing, in a single week. Sunday markets, which had hitherto been not uncommun, were effectually suppressed. Hundreds of disorderly houses [Spielhöllen und Bordelle] were closed. Forty or fifty night-walkers [Prostituierte] were sent every week to Bridewell, and numbers were induced to emigrate to the colonies.« Was W.E.H. Lecky hier in seiner *History of England in the Eighteenth Century* (Vol. II, London 1888, p. 547) beschreibt, ist gänzlich deckungsgleich mit dem, was Mandeville in

der *Modest Defence* über das brutale Vorgehen dieser Gentlemen der *Societies for the Reformation of Manners* mitteilt.

25 Wer mehr wissen will über das Verhältnis von Prostitution und Gesellschaft im England des achtzehnten Jahrhunderts hält sich mit Gewinn an Peter Wagner: *Eros revived. Erotica of the Enlightenment in England and America*. London 1988.

26 Georg Christoph Lichtenberg: *Briefwechsel*. Herausgegeben von Ulrich Joost und Albrecht Schöne. Band I, 1765–1779. München 1983, S. 27 f.

27 Siehe vorne, *Streitschrift*, S. 59 sowie Anmerkung 55 *[Streitschrift]*.

28 Weshalb die an der University of California domizilierte *Augustan Reprint Society* gerade diesen unvollständigen Raubdruck zur Vorlage ihres *Modest Defence*-Reprints (1973, 2. Auflage 2000) genommen hat, obwohl die Bibliothek der UCLA über eine der raren Erstausgaben verfügt, kann ich mir nicht erklären.

29 F. B. Kaye: *The Writings of Bernard Mandeville*. In: Journal of English and Germanic Philology, XX (1921), pp. 419–467.

30 Pascal Pia hingegen erwähnt noch eine französische Übersetzung von 1869, gedruckt in Bruxelles, bei Charlier; siehe oben, Anm. 4.

31 Siehe J. H. Harder: *The Autorship of 'A Modest Defence of Public Stews' etc.* In: Neophilologus, XVIII (1933), pp. 200–203 sowie R. S. Cranes Widerlegung im Philological Quarterly, XIII, 2 (1934), pp. 122–123.

32 Jenny Uglow: *Hogarth. A Life and a World*. London 1997, p. 191.

33 *Lichtenbergs Hogarth*. Die Kalender-Erklärungen von Georg Christoph Lichtenberg mit den Nachstichen von Ernst Ludwig Riepenhausen zu den Kupferstich-Tafeln von William Hogarth. Hanser Verlag, München 1999, S. 12.

34 Ebenda, S. 19.

35 Gemeint ist das in acht Bänden anonym von Rétif de la Bretonne verfaßte Revolutionstagebuch *Les Nuits de Paris ou le Spectateur moderne*. Londres et Paris 1789-1793. Es setzt im Juni 1789 ein und bricht mit der Hinrichtung der Königin im Oktober 1793 ab.

36 [Rétif de la Bretonne]: *Le Pornographe ou Idées d'un Honnête-Homme sur un Project de Règlement pour les Prostituées, propre à prévenir les Malheurs qu'occasionne le Publicisme des Femmes*. Avec des Notes historiques ut justificatives. A Londres, 1769, p. 223.

37 Claude Nicolas Ledoux: *L'Architecture considérée sous le Rapport de l'Art, des Mœurs et de la Législation.* Tome premier. A Paris, 1804, p. 199.

38 Siehe Lecky, a.a.O., p. 547.

Zeittafel

1670 Am 20. November wird Bernard de Mandeville in der *Gereformeerde Kerk* von Rotterdam getauft. Sein genaues Geburtsdatum ist nicht bekannt.

1685 Bis Ende Oktober besucht Mandeville die Erasmische Schule in Rotterdam, danach immatrikuliert er sich an der Universität Leiden.

1686 Das *Album Studiosorum* der Universität Leiden verzeichnet ihn am 17. November als Studenten der Philosophie.

1688 *Glorious Revolution:* in England Beginn einer Zivilgesellschaft mit weitgehender Rede- und Preßfreiheit.

1689 Mandeville promoviert in Leiden am 23. März mit einer philosophischen *Disputation über die Bewegung der Tiere.*

1691 Am 19. März findet sich im *Album Studiosorum* der Universität Leiden Mandevilles Name nochmals, nun ist er aber als Student der Medizin registriert. Schon am 30. März promoviert Mandeville zum zweiten Mal mit einer medizinischen *Disputation über Verdauungskrankheiten.* Nun ist er auch Doktor der Medizin. Nach einer kurzen Tätigkeit als praktischer Arzt für Magen- und Nervenleiden in Rotterdam begibt sich Mandeville auf einen *Grand Tour*, der ihn zunächst nach Italien und Frankreich und schließlich nach England bringt.

1694 kehrt er nochmals nach Rotterdam zurück, von wo sein Vater mittlerweile wegen einer Satire gegen einen Steuerpächter verbannt worden ist. Auch das Familienvermögen ist stark in Mitleidenschaft gezogen. Mandeville beschließt kurz darauf, wahrscheinlich schon

1695 wieder nach London zu gehen, »um die englische Sprache zu lernen«.

1699 Mandeville hat sich mittlerweile in London niedergelassen, Klima und Mentalität der Engländer sagen ihm zu. Am 1. Februar heiratet er die fünfundzwanzigjährige Ruth Elizabeth Laurence. Das Paar wohnt im Kirchsprengel von St. Martin-in-the-Fields. Ein Sohn wird am 1. März auf den Namen Michael getauft. Das Geburtsdatum des zweiten Kindes – ein Mädchen namens Penelope – ist nicht mehr rekonstruierbar.

1703 Mandeville fühlt sich nun genügend sicher in der englischen Sprache. Sein erstes literarisches Werk erscheint anonym unter dem Titel *Some Fables after the Easie and Familiar Method of Monsieur de la Fontaine*. Der Erfolg ist bescheiden.

1704 Mandeville ist weiterhin literarisch produktiv. Sein *Aesop Dress'd* sowie eine *Versburleske* im Stil Scarrons haben mäßigen Erfolg. Seitdem er literarisch tätig ist, verzichtet Mandeville auf das nach französischem Adelsprädikat klingende »de«.

1705 erscheint, als kleines Sixpenny-Broschürchen, ein allegorisches Versgedicht über einen *Unzufriedenen Bienenstock (The Grumbling Hive, or Knaves trun'd Honest)*. Von nun an wird Mandeville – mit Ausnahme der medizinischen *Abhandlung* von 1711 – nur noch anonym, unter Pseudonymen oder als »B. M.« publizieren.

1709 läßt Mandeville seine *Virgin Unmask'd or, Female Dialogues Betwixt an Elderly Maiden Lady and her Niece (Demaskierte Jungfrau oder Gespräche zwischen einer älteren unverheirateten Dame und ihrer Nichte)* erscheinen. Der Titel erinnert an galante Literatur, das Buch hat etlichen Erfolg.

1711 tritt Mandeville mit dem *Treatise of the Hypochondriack and Hysterick Passions (Abhandlung über die hypochondrischen und hysterischen Leiden)* ein letztes Mal als Arzt und unter vollem Namen in Erscheinung. In der Figur des »Philopirio« redet er ausführlich von sich selbst. Diese populärmedizinische Schrift wird gut aufgenommen, was Mandevilles Ruf als Arzt festigt. Samuel Johnson gehört zu den begeisterten Lesern.

1712 folgt ein kleiner Band mit vornehmlich erotischen Gedichten, getarnt als *Wishes to a Godson (Wünsche für ein Patenkind)*.

1714 Mandeville erweitert seine Verssatire über den *Unzufriedenen Bienenstock* um zwanzig erklärende Anmerkungen und gibt ihr den Titel *The Fable of the Bees, or Private Vices, Publick Benefits (Die Bienenfabel, oder Private Laster, öffentliche Vorteile)*; das *Bienenfabel*-Paradox ist geboren. Am Schluß des Bändchens sehen sich die Leser mit einem provokativen *Enquiry into the Origin of Moral Virtue (Untersuchung über den Ursprung der sittlichen Tugenden)* konfrontiert. An Reaktionen fehlt es nicht, zustimmenden und verleumderischen. Der Autor der Bienenfabel wird als tugendloser Mensch und Trinker verschrien.

1716 Entgegen ihn schlecht machenden Gerüchten verkehrt Mandeville gesellschaftlich und beruflich mit einem einflußreichen Personenkreis. So zeigt ein Brief vom April 1716, daß der führende englische Hofarzt, Sir Hans Sloane, Mandevilles Rat suchte.

1720 erscheinen Mandevilles *Free Thoughts on Religion, the Church, and National Happiness (Freie Gedanken über die Religion, die Kirche und die Nationale Glückseligkeit).*

1722 werden die *Free Thoughts on Religion* von Justus van Effen ins Französische übertragen und in Frankreich sogleich verboten.

1723 Erfolgs- und Verleumdungsjahr: Mandeville läßt eine zweite Auflage der *Bienenfabel* erscheinen, die er mit einem *Essay on Charity and Charity-Schools (Abhandlung über Barmherzigkeit, Armenpflege und Armenschulen)* sowie mit einem *Search into the Nature of Society (Untersuchung über die Natur der Gesellschaft)* ergänzt. Die *Bienenfabel* wird zum skandalösen Buch erklärt. Am 11. Juli klagt das Obergericht von Middlesex Edmund Parker, den Verleger der *Bienenfabel*, der Untergrabung der öffentlichen Moral sowie der Beförderung der allgemeinen Zuchtlosigkeit an. Einige Tage später, am 27. Juli, greift ein anonymer »Theophilus Philo-Brittannicus« im *London Journal* den *Bienenfabel*-Autor erneut massiv an. Das Buch sei unzüchtig und gottlos, sein Autor rufe öffentlich zum Laster auf. Mandeville sieht sich mißverstanden und schreibt eine lange »Erklärung«, die er am 10. August ebenfalls in das *London Journal* einrücken läßt. Gegen die Thesen der *Bienenfabel* nehmen nun auch namhafte Philosophen Stellung, so etwa Francis Hutcheson und George Berkeley, in Deutschland Hermann Samuel Reimarus. Die heftig geführte Kontroverse macht die Bienenfabel zu einem Bestseller, ihr Autor wird bewundert und verteufelt.

1724 läßt Mandeville seine *Modest Defence of Publick Stews (Bescheidene Streitschrift für Öffentliche Freudenhäuser)* erscheinen. Die Widmung unterzeichnet er mit »Phil-Porney«. Im nämlichen Jahr trifft Benjamin Franklin Mandeville in einem Londoner Bierhaus, »von welchem dieser die Seele war, ein höchst witziger unterhaltsamer Gesellschafter«, wie Franklin in seiner *Autobiographie* berichtet. In Dresden warnt der Oberkonsistorialrat Valentin Löscher vor den »gottlosen« *Freien Gedanken über die Religion.*

1725 erscheint *An Enquiry into the Causes of the Frequent Executions at Tyburn (Eine Untersuchung über die Gründe der häufigen Exekutionen in Tyburn)*, in der Mandeville für eine Reform des Strafwesens plädiert.

1726 Ein erhalten gebliebener Brief vom 8. Oktober zeigt, daß Mandeville eng befreundet gewesen ist mit dem einflußreichen Lordkanzler Sir Thomas, Earl of Macclesfield. In Leipzig erscheint eine deutsche Version der *Freien Gedanken über die Religion*.

1727 erscheint »in London« unter dem Titel *Venus la Populaire ou Apologie des Maisons de Joye* eine erste französische Übersetzung der *Bescheidenen Streitschrift für Öffentliche Freudenhäuser.* Die französische Version wird zu einem Longseller der klandestinen Literatur.

1729 erscheint ein *Zweiter Teil* der *Bienenfabel,* der sechs Dialoge zur Verteidigung ihrer Thesen enthält. Ungefähr 1730 erscheint unter dem Titel *Venere Popolare ovvero Apologia delle Case di Piacere* eine italienische Übersetzung der *Bescheidenen Streitschrift für Öffentliche Freudenhäuser*, gedruckt »in Cosmopoli, im Zeichen der Reform«.

1732 läßt William Hogarth seine moralischen Blätter über *A Harlot's Progress (Der Lebensweg einer Liederlichen)* drucken – der Bezug zu Mandevilles *Bescheidener Streitschrift* ist offensichtlich. Papst Pius VI. setzt die französische Version der *Freien Gedanken über die Religion* auf den Index. Im nämlichen Jahr erscheint, wie üblich anonym, Mandevilles *Enquiry into the Origin of Honour, and the Usefulness of Christianity in War (Untersuchung über den Ursprung der Ehre und den Nutzen des Christentums im Krieg)*. Etwas später, kurz vor seinem Tod, verteidigt sich Mandeville in einem höchst ironischen *Letter to Dion (Brief an Dion)* noch gegen die Anwürfe, die George Berkeley gegen ihn gerichtet hatte.

1733 Am 21. Januar 1733, einem Sonntagmorgen, stirbt Mandeville in Hackney, nordöstlich von London. Todesursache könnte eine damals grassierende Grippewelle gewesen sein. Sein Testament zeigt, daß er als Arzt und Schriftsteller über ansehnliche Einkünfte verfügt hatte. In England läßt sich Alexander Pope für seinen *Essay on Man (Versuch über den Menschen)* von Mandeville inspirieren, während sich

1734 der Schweizer Albrecht von Haller im Gedicht *Über den Ursprung des Übels* über die »Mandewils« empört.

1735 fallen die sittenpolizeiähnlichen »Gesellschaften zur Hebung der öffentlichen Moral« – gegen deren brutale Methoden sich Mandeville in der *Bescheidenen Streitschrift* gewehrt hatte – in England in öffentliche Ungnade.

1736 Emilie du Châtelet, Newton-Übersetzerin und Geliebte Voltaires, arbeitet an einer Übersetzung der *Bienenfabel*, die sie »amüsant und lehrreich« findet. Voltaire läßt sich in *Le Mondain (Der Weltmann)* von der *Bienenfabel* inspirieren.

1740 erscheint »in London« eine französische Übersetzung der *Bienenfabel*. Sie wird von der französischen Zensur den Flammen übergeben und

1745 von Papst Pius VI. auf den Index gesetzt.

1748 Montesquieu beruft sich in seinem *Geist der Gesetze* auf den »Autor der Bienenfabel«.

1751 In Leipzig weiß *Jöchers Allgemeines Gelehrtenlexikon* zu berichten, Mandeville sei in seiner »Aufführung und Lebens-Art eben so frey und unordentlich« gewesen wie in seinen Schriften.

1759 Der *Grand Dictionnaire Historique* von Moréri findet den Mut, Mandeville als »fähigen« Arzt zu verzeichnen.

1761 erscheint unter dem Titel *Die entlarvte Eitelkeit der Selbstliebe und Ruhmsucht* in Frankfurt eine erste deutsche Übersetzung der *Bienenfabel*.

1855 Hermann Hettner läßt in seiner *Literaturgeschichte des achtzehnten Jahrhunderts* kein gutes Haar an Mandeville.

1872 Karl Marx bezieht sich im *Kapital* auf Mandeville: »ein ehrlicher Mann und heller Kopf«.

1966 Friedrich August von Hayek, der spätere Nobelpreisträger für Wirtschaftswissenschaften, erklärt Mandeville zu einem ökonomischen »Master Mind«.

Verzeichnis der Abbildungen